小口孝司／監修　内藤淳／著

キャリア形成に活かす心理学

誠信書房

― 刊行にあたって ―

　心理学が面白そう。

　そう思って，大学では心理学関連の学部，学科に行きたいと，高校生がご両親や先生に相談することがあります。すると，「よく考えなさい」と言われることが少なからずあるようです。心理学が実際の企業活動に関連しないから，就職が良くないから，資格を取っても収入が良いというわけではないから，もっと“潰しが効く”学部をと勧められるかもしれません。

　確かに心理学は一見すると，企業活動には関わりがなさそうに見え，国家資格である公認心理師を取得しても，経済的なメリットはそう高くないでしょう。しかしながら，経済活動は心理によって規定されているものが非常に多く，人の心の動きをつかむ方法論や視点を持つということは，経済的な活動においても重要です。たとえば，心理学の名著である『影響力の武器』がMBA（経営学修士）の授業で用いられていたり，とても多くの方々に読まれていたりすることなどが端的な例でしょう。さらに，経済活動の大きな基盤である，企業における人の配置，働きなどを最大化するために，産業・組織心理学と呼ばれる心理学の成果が活用されたり，消費者心理学の知見が実際の企業戦略に用いられたりしています。心理学を知り活用することによって，テコの原理のように作用して，経済活動を大きく増幅させたり，社会の動きを変えたりすることさえできるのです。つまり，今後の社会・経済活動において，心理学を活用することがますます重要な意義を持ってくるでしょう。

　また，心理学を学ぶことによって，他者や自分に対する理解が深まり，自分がどのような人生を歩んだらよいのかの指針を見つけられるでしょう。さ

らに，どのように人，企業と付き合っていったらよいのかを自分なりに体得する機会となることで，今後の人生に大いに役立ってくれると思います。金銭的な報酬よりも，自分の活動が社会に貢献することを重要視される若い方たちも，増えているとよく聞きます。そういう方にこそ本書を読んでいただき，今後のご自身が働く意味や対処法だけでなく，個人の生活を含めたキャリアを充実させるために，心理学的な視点や知見を身につけていくことの意義を理解していただきたいと思います。その意味で，本書は心理学を学んでみたい方のみならず，多くの方々に紐解いていただき，ご自身，身近な方の進路を考えるきっかけとして活用していただければ幸いです。

　本書は，立教大学心理学科において，心理学をキャリアや職業にどのように活用することができるのかを，心理学の理論に基づいて解説する1年生向けの講義科目，「キャリアと心理」の理論部分を発展させたものです。この科目によって，学生たちは自身のキャリアに目を向けるようになり，さらにキャリアにおける心理学の意義を理解し，心理学の学びへの意欲を一層高めています。この講義の後に，キャリア関連科目（2年次「自己理解・他者理解の心理学」，3年次「キャリアの心理学演習」）が2年間にわたって用意されています。日本における心理学部，心理学科の中で，このようにキャリアと心理学の学びがカリキュラムの中に位置づけている大学は，私の知る限り立教大学以外にはないと思います。その意味でも非常に貴重な講義であり，広く一般の方々にも知っていただきたいと願った次第です。そこで，この科目を長年担ってくださっている著者の内藤淳先生に，講義の部分をまとめられてはいかがでしょうかと，お誘いした次第です。

　内藤先生は，法人向けに提供されている心理検査やさまざまな組織診断ツールの研究・開発に，長年にわたり従事されてきた方であり，ビジネス領域における心理学と心理アセスメントの応用・活用に大きく貢献されてきました。しかし，そのことを微塵も感じさせることがない，非常に誠実で温厚なお人柄です。それは，元々のパーソナリティに加えて，職業生活に入られ

て，ご本人いわく「左手で仕事をしているような職種の経験から，利き手である右手で研究開発の仕事をしている」という経験を積み重ねられたことも大きく関わっているようです。決して平坦なキャリアを過ごされてきた方ではないからこそ，その実体験の中で培った経験と研究の知見が，本書に編み込まれていると思います。

　本書が多くの方々のなんらかの契機になってくださることを切に願っています。

監修者　小口孝司

目　次

第Ⅰ部 キャリアと心理学

——「キャリア」と「心理学」のつながり——

　キャリアとは「その人らしい働き方・生き方」のことを意味しています。「キャリア」という言葉は仕事や職業に関連した文脈で使われることが多いのですが，実は人の生き方という意味を持っています。

　一方，近年では心の問題を抱える人が増えており，メンタルヘルスの向上やストレスに対処するための支援が広く求められています。また，ビジネスの場面においては，消費者の心理の把握やマーケティング，従業員のやる気の向上やマネジメントのために心理学の知見や理論が活用されており，さまざまな領域で「心理学」の存在感が高まっています。

　では，「キャリア」と「心理学」は，どのように関わり合うものなのでしょうか。まず，職業を選ぶときに，「自分にはどのような仕事が向いているのか。それはなぜか」という問いに，心理学は有益な示唆を与えてくれます。さらに，働くときにどうすれば課題をうまく進められるか，人間関係を深められるかということにも，心理学は実践的な手法や思考のためのフレームを提供してくれます。

　また，自分の将来について考えたり，人生の中で何らかの選択をしたりするときに心理学の知見や理論を活用できます。そうした際に，心理学によって養われる人間についての深い洞察や偏りのないものの見方が，大きな助けとなるのです。

　では，具体的に心理学のどのような知見や理論，考え方が，どう自分のキャリア形成に活かせるのか，詳しく考えていきます。

第1章 キャリアとは何か

1．「キャリア」という言葉が持つ2つの意味

　「キャリア」という言葉を耳にする機会は，最近とても多くなっていると思います。「キャリアアップ」とか「キャリア採用」という言葉が世の中で広く使われていますし，「キャリア官僚」とか「キャリアウーマン」という言葉も以前はよく耳にしました。大学では就職課のことを「キャリアセンター」と呼ぶのが一般的になっていますし，「キャリア教育」の一環で，小中学校や高校でさまざまな講座やプログラムを受けた経験を持つ人も多いでしょう。

　これらの用法からもみてとれるように，「キャリア」という言葉は「職業」「就職」「転職」など，「働くこと」に関係した意味内容を持っています。日本語で「キャリア」という場合にはこの文脈で使われることが多いのですが，実は「キャリア」には大きく2つの意味があります。1つは，自分らしく働くことを意味する「ワークキャリア」，そしてもう1つが，自分らしく生きることを意味する「ライフキャリア」です（図1-1）。前者の「ワークキャリア」が働くことや仕事におけるさまざまな経験，職業経歴を指し示すのに対して，後者の「ライフキャリア」は仕事に限らず，家庭生活や余暇，学習，地域活動なども含めた，人の生き方全体や人生そのものを意味します。「ライフキャリア」のほうが，「キャリア」というものを，より広義に捉える考え方だということができます。

　「キャリア」という言葉は1950年代に米国の職業心理学の領域で用いられるようになったもので，当初は「ワークキャリア」を表す言葉だったものが，

図 1-1 「キャリア」が持つ 2 つの意味

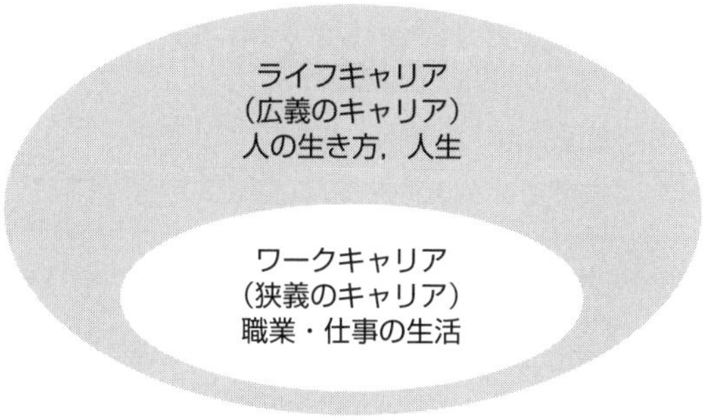

社会の変化の中で概念を広げ，「ライフキャリア」の意味をも担うようになってきた経緯があります。これまでに多くの研究者や公的機関が定義を行っていますが，2つのどちらの立場を取るかというのはそれぞれのスタンスによって異なります。以下で，さまざまな定義について具体的に見ていきますが，その前に「キャリア」という言葉の語源について触れておきましょう。

「キャリア」という言葉はもともと，「車」を意味するラテン語の carrus，あるいは「車道」を意味する carraria が起源となっていると言われます。車や道に関係した語源を持つ「キャリア」という言葉には，車が道の上を走っていくような「何かが続いていくもの」「前進していくもの」というイメージがあり，これが人生における軌跡，人の経歴・職歴，人生や特定の職業における前進というように意味が変化してきたものと考えてよいでしょう。この語源からも想像されるように，キャリアとは，過去から現在を経て未来へとつながっていく，連続的な過程だということを理解しておくのは大切なことです。

2．「キャリア」の定義

それでは，「キャリア」という言葉を研究者や公的機関がどのように定義しているかを見てみましょう。前述したように，「ワークキャリア」の視点に立つ狭義の定義と，「ライフキャリア」の視点に立つ広義の定義の2つが

あります。それぞれについての定義を以下に紹介します。

(1)　ワークキャリアの観点での定義

　ワークキャリアの観点とは，職業上の経歴としてキャリアを捉えるものです。この観点からの定義では，仕事そのものや，職業生活におけるさまざまな変化を表す概念としてキャリアを捉えます。

- 仕事に関連した経験・活動に関する態度・行動の生涯にわたる連鎖（Hall, 1976）。
- 多くの人にとって，社会に存在する多くの職業からある職業を選択する準備を行い，選択をし，典型的には選択をし続ける，生涯にわたるプロセス（Brown & Brooks, 1990）。
- 一人の人が生涯にわたって踏み行き形成する，職業経歴の全体（藤本, 1987）。
- ある人間が生涯を通じて行う仕事の全体（Hoyt, 1975）。
- キャリアとは，一般に「経歴」「経験」「発展」さらには，「関連した職務の連鎖」等と表現され，時間的持続性ないし継続性を持った概念として捉えられる。「職業能力」との関連で考えると，「職業能力」は「キャリア」を積んだ結果として蓄積されたものであるのに対し，「キャリア」は職業経験を通して，「職業能力」を蓄積していく過程の概念であるとも言える（厚生労働省, 2002）。

(2)　ライフキャリアの観点での定義

　ライフキャリアの観点とは，生き方の履歴としてキャリアを捉えるものです。この観点からの定義では，仕事や職業生活だけでなく，家庭生活，余暇，地域活動などの領域を含む，その人の生き方全体や生活全般における変化を表す概念としてキャリアを把握します。

- 個人の生涯にわたって自己関与することの表現としての職業，およびそ

の他のさまざまな役割の連続であること，個人がそれを追求することによってのみ存在するもの（Super, 1980）。

- 生涯を通しての人間の生き方，表現（Schein, 1978）。
- 個人の生活の役割，環境，出来事の統合を通じての，生涯にわたる自己発達（Gysbers & Moore, 1975）。
- 個々人が生涯にわたって遂行するさまざまな立場や役割の連鎖，およびその過程における自己と働くことの関係づけの累積（文部科学省，2004）。
- 人が，生涯のなかでさまざまな役割を果たす過程で，自らの役割の価値や自分と役割との関係を見出していく連なりや積み重ね（中央教育審議会，2011）。

　定義には少し難しい専門的な表現も使われていて，わかりにくいところもありますが，ワークキャリアの観点からの定義では，キャリアを働くということに関連した人の職業経歴や職業人生であると捉えます。これに対して，ライフキャリアの観点からの定義では，キャリアを働くことに留まらず，その他さまざまな活動を含めた人生の全体,生き方全般であると広く捉えます。どちらの立場が正しいという性質のものではありませんが，本書ではライフキャリアの観点に立ち，キャリアを自分らしい生き方・働き方を表すものとして広義に捉える立場を取ります。

　もっとも，ライフキャリアの観点に立つ場合であっても，生きていくうえでほとんどの人が避けて通ることができない「働くということ」（ワークキャリア）が，非常に重要な位置を占めることに違いはありません。人は働くことによって生活の経済的な基盤を得ると同時に，自分の役割を果たすことで社会とつながるものですし，また，より能動的な意味で，人は働くなかで自分の能力を発揮することにより，自己実現を図っていくものだからです。この点で「いかに働くか」は，キャリアを考えるうえでの最も大切なテーマの1つだということができます。

3. キャリアという言葉が広く使われるようになった背景 ：高まる「キャリア」の重要性

　日本で「キャリア」という言葉が広く使われる用語として定着したのは，1990年代後半のいわゆる平成の不況期以降です。それ以前にも類似した言葉に「職業経歴」というものがありましたが，「キャリア」という言葉に比べるとやや古臭いイメージがあることは否めません。「キャリア」は過去の経歴だけではなく，過去・現在から未来に向かって続く一連の流れを意味するのに対して，「職業経歴」は過去を表すものであって，未来を表す言葉ではありません。「キャリア」という言葉には，それまでにはない新しい語感と意味が込められていたのです。

　この時期に「キャリア」という言葉が広く普及したのには，社会経済的な背景がありました。1990年代後半，いわゆるバブル崩壊という経済の破綻にともない，長期的な雇用の維持を重荷に感じた企業は，個々の従業員に対してキャリアの自立を求めるようになりました。「将来のことを会社任せにするのではなく，自分のキャリアには自分自身で責任を持ってほしい」というメッセージを打ち出すようになったのです。終身雇用制と年功序列を基軸にした旧来型の雇用システムのあり方が大きく問い直され，「将来のことは会社に任せておけばよい」という生き方では立ち行かなくなりました。リストラクチャリングや企業の統合・整理・再編が数多く行われる厳しい経済環境の下，悲観に傾きがちな社会の中で，「自分の人生に対して受け身ではなく主体的に向き合ってほしい」という意味合いが，この言葉に込められたという面があると考えられます。

　バブル崩壊後の長期停滞のなか，個人が働く環境は以前のように安定したものではなくなりました。終身雇用制は崩れつつあり，かつてのように初職で入社した会社に定年になるまで勤め続けるのが当然という社会ではありません。正社員として雇用される機会が減り，非正規雇用の比率が大きく高まっています。誰もが転職や独立という選択肢を視野に入れつつ働かなければな

りません。我が国において「キャリア」という言葉が広く普及し，キャリア教育の必要性が唱えられるようになってきた背景には，このような社会の大きな変化があることを理解しておく必要があります。

　今日私たちが暮らしている社会は，以前に比べ，より不安定で予期せぬ変化に満ちたものとなっています。グローバル化を背景に人々の価値観は多様化し，また，「人生100年時代」と言われるように平均寿命が延びるなか，職業生活を営む期間も昔に比べて長くなっていますし，今後さらに長くなっていくことでしょう。大きく変化する社会環境の中で，どのように働き，どのように生きていくかについて，自分の考えや軸を持つことが一人ひとりに求められています。また，自らの「キャリア」について自覚的になり，さまざまな選択や意思決定を主体的に行う必要性が高まっています。個人にとっての働くことの意味や，個人と組織との関係のあり方が問い直されているということです。

　いまの時代を生きる私たちは，確かな未来を見通すことができない非常に不安定な環境に置かれていますが，その不確かさのなかでも自分に対して自信を持ち，自分自身が納得できるような働き方や生き方をいかにして実現するかということを，しっかりと意識しながら前に進んでいく必要があるのです。喩えていうなら，自分が搭乗しているキャリアという名の車のハンドルを，会社や組織に委ねてしまうのではなく，自分自身でしっかりと握っていなくてはならないということなのです。

4. 「キャリア」の特徴

　「キャリア」とは狭義には「職業上の経歴」を表し，広義には「働き方を含む自分らしい生き方」を表すこと，そして，キャリアという言葉が日本で広く普及したのには，社会的な背景があったということを説明しました。以下では，「キャリア」について考える際に重要となる，4つのポイントを整理しておきます。このことを理解しておくと，今後の自分の働き方や生き方を考えていくうえで役立ちます。

(1)　キャリアは連続的・連鎖的な過程である

　第1のポイントは，キャリアとは過去から現在を経て未来へつながっていく連続的，連鎖的な過程であるということです。過去に自分がどのような仕事や経験をしてきたかを単に羅列したとしても，それだけでは「キャリア」と呼ぶことはできません。自らの過去を振り返ることで現在の自分へとつながっている意味を見出し，その延長線上に自分が目指す未来が見えてくるというような，一連の時間的なつながりを意識することが重要です。そこには，自分の人生に対する自分なりの解釈や，ある種の「物語」と呼ぶべきものが構成されています。キャリアを考えるということは，自分の人生に意味を見出すという行為でもあるのです。

(2)　キャリアは時間とともに発達していく

　第2のポイントは，キャリアは人生の中で，時間とともに発達していく過程であるということです。人は生きていく中でさまざまな障害や困難に出くわしますが，それらの課題を乗り越えることによって次第に成熟を深めていきます。人がそれぞれのキャリアステージにおいて克服すべきテーマのことを「発達課題」と呼びますが，キャリアは自分の発達課題を乗り越え成長していくための挑戦の連続という面を持っています。キャリアを考えるということは，自分が直面している成長のための課題に目を向け，それに向き合っていくことでもあるのです。

(3)　キャリアは自己の選択に基づく「自分らしさ」の表現である

　第3のポイントは，キャリアとは個人の主体的な選択に基づく，「自分らしさ」の表現であるということです。人は生きていくうえで日々さまざまな選択を行っており，意思決定の連続が人生を形作っていくものだと考えることができます。重要な岐路において何を選択するかという判断が，その後の人生を大きく変えることにつながりますし，その際の判断の仕方や判断軸に，その人らしさがよく表れるものです。

　自分が納得できる意思決定を行ううえでは，合理的な手順を用いて思考す

る力を養っておくことに加えて，人生の中で出くわす偶然の機会を上手に活かしていこうとする姿勢を身に付けることが大切になります。キャリアを人生における選択の連続と捉える視点は，この先で自分が出会うことになる人生の大きな岐路において，自分らしく悔いのない選択を行えるように準備しておくことの大切さを意識させてくれます。

(4)　自分のキャリアの価値は自分が決める

　最後のポイントは，自分のキャリアを評価し，良し悪しを決めるのは，あくまで自分自身だということです。このことを心理学者のホール（Hall, 2002）は，「客観的キャリア」と「主観的キャリア」という言葉を用いて説明しています。

　客観的キャリアとは，収入，地位，評判，威信などのことを表しており，経済的な豊かさや社会的地位など，外からの評価や基準で捉えたキャリアのことです。これに対して主観的キャリアとは，個人の価値観，満足感，充実感，幸福感などに基づくものであり，一人ひとりが自分のキャリアに対してどのような意味づけを行い，価値，成功，満足を見出しているかということを表しています。

　客観的キャリアが重要であることはもちろんですし，客観的キャリアをまったく考慮しない主観的キャリアというものは考えにくいですが，自分のキャリアの価値は他者や世間が定めるものではありません。周囲の評価に流されるのではなく，あくまで自分自身にとって納得がいくものか，誇りが持てるものかという観点に基づいて，キャリアの良し悪しを判断することが大切です。

　以上，ここではキャリアを考えるときのベースとなるキャリアの特徴を，4つのポイントに整理して紹介しました。キャリアについてはさまざまな立場からの主張がありますので，必ずしも統一的な見解があるわけではありませんが，キャリアを考えるときの前提として，この4点を押さえておきましょう。

第2章 心理学をキャリア形成に活かす
：心理学はどのようにキャリアに活きるのか

　前章では，「キャリア」とは何かということについて詳しく見てきました。本章では，キャリアに心理学をどのような形で活かすことができるのか，キャリア形成において心理学がどのような点で役立つのかについて考えます。

　人間の心や行動を科学的なアプローチで捉えようとする学問である心理学は，働くうえで，また生きていくうえで役立つ場面が多いと前に述べました。心理学を通じて学び身に付けた人間観やものの見方が仕事の質を高めたり，人生の中でより良い意思決定の手助けになるという場面は多々ありますが，具体的にどのような観点で活かせるのかについて，ここでは代表的な場面を5つに整理して説明します。

1．キャリア観と将来展望の形成

　心理学には，キャリアに関するさまざまな理論というものがあります。人が一生の中でどのような課題と出会い，それを乗り越えていくかということに関する理論，人生の岐路において選択を行うときの手順や考え方に関する理論，自分の性格や能力に適合する職業をどのように見つけるかというテーマに関する理論など，多くの研究者がさまざまな観点から，キャリアに向き合う際の支援となる考え方や枠組みを提示しています。

　これらの理論や考え方を学ぶことによって，これから先の人生において，自分がどの時期にどのような発達上の課題に直面するのかという大きな見通しを持つことができますし，その際に直面する問題を乗り越えるためのヒントとなる視点を，あらかじめ理解しておくことができます。もちろん，人生

の中で生じる難しい問題というのは，実際に自分で体験してみなければ本当の意味ではわからないという面があるのも確かですが，事前にある程度の見通しと心の準備ができているかどうかの違いは大きいものです。

　心理学を学ぶことによって自分の将来について先々までの視界を持てるようになるというのは，未来の不確実さに対する不安の低減にもつながるものですし，個人が自らのキャリア観を形成するうえでも良い影響を与えると考えられます。

2．自己理解と適性の把握

　心理学の領域では，性格，興味・指向や価値観に関するさまざまな研究がこれまでに行われてきており，人の特徴や持ち味を理解するための概念やフレームが数多く提示されています。また，個人の特徴を客観的に測定するために信頼性・妥当性の高い各種の心理アセスメントも開発されており，これらのツールを利用すれば，自分自身の特性について客観的な把握を行うことができます。ホランドの職業興味検査に代表されるように，どういったパーソナリティを持つ人がどのような職業で活躍する可能性が高いかという関連性についても実証的な研究が行われているため，自分の適性についての理解を深め，自分に向いた職業がどのようなものかを知ることができます。

　自己理解を深め，自分の強み・弱みを客観的に理解しておくことは，就職や転職という職業選択場面のみならず，会社に入社した後の仕事・組織への適応といった場面でも有効に働きますし，仕事や生活の場で感じるさまざまなストレスに対処する際，他者を理解し周囲と良好な関係を築いていく際にも役立ちます。心理学が提供してくれる人間理解のためのフレームや心理アセスメントに関する知識が，自己理解を深めるための手助けになるのです。

3．他者理解と人間関係の構築

　心理学における性格，興味・指向や価値観に関する理論など，人間を理解

するための枠組みは，自己理解のために役立つだけではなく，他者の行動や思考を理解するための有効なフレームとしても活用できます。また，社会心理学における人間関係や対人コミュニケーションに関する理論や，臨床心理学におけるカウンセリングの技法は，周囲と良好な関係性を構築していく際の手助けとなります。

　「心理学を学んだ人の人間を見る目や物事の捉え方は，柔らかくしなやかである」と言われることがあります。心理学を通じて人の心や行動についてさまざまなことを学んでいくなかで，人間の考え方・感じ方は人それぞれに多様であることに気づき，相手の行動の背景にある気持ちや意図を理解することの難しさ，あるいは自分の決めつけに基づいて相手を解釈してしまうことの危うさを，深く知るようになるからです。このことは，他者を理解し，周囲と良好な関係を築いていくうえでの土台となります。どのような仕事であっても，必ず何らかの形で人との関わりがあります。心理学を学ぶことによって得られる人間関係やコミュニケーションに関する知見と，人を理解するための柔軟な視点は，キャリア形成にとって重要となる周囲との関係構築のために活きてくるのです。

4．モチベーションとストレスの管理

　よく，人生を旅やマラソンに喩えることがありますが，自分が納得できるようなキャリアを長期にわたって築き上げていくのは簡単なことではありません。最初は勢いよく順調にスタートしたとしても，途中で息切れして燃え尽きてしまうということも起こりかねないからです。そうならないためには，自分が掲げた目標に向かって行動するモチベーションを，高いレベルで維持していく「モチベーション・マネジメント」が求められますし，現代社会を生きるうえで避けて通ることのできないさまざまなストレスと，上手に付き合っていく「ストレス・マネジメント」が重要となります。心理学ではさまざまな研究に基づいて，ストレスやモチベーションの管理に役立つ知見が蓄積されていますので，それらを学び活用することは長期的なキャリア形成の

支えとなります。

　モチベーションやストレスに関する知識やスキルは，自分自身のコンディション維持に役立つだけでなく，将来，組織の中でリーダー的な役割を担うことになった際に，自分の後輩や部下といった人たちと関わるときにも役立ちます。職場におけるメンタルヘルス不調の発生が増加している昨今の環境では，この領域における心理学的な知見やスキルが必要不可欠なものとなりつつあります。

5．科学的で客観的なものの見方と統計的手法の理解

　人の心や行動を対象とする科学である心理学を学ぶことの大きな魅力のひとつは，課題に対して客観的にアプローチする方法や考え方を身に付けられることです。主観を交えることなく，事実に基づき論理的に推論を積み重ねて仮説を設定し，それをデータによって検証するという心理学の「仮説－検証」型の考え方は，他の人文科学系の領域の学問ではなかなか身に付けられないものです。物事を偏りのない視点で客観的に捉える姿勢は，心理学を学ぶことで得られる大きな武器だということができますし，心理学が「文科系と理科系の両者の特徴を併せ持つ学問」と言われるゆえんも，ここにあると考えられます。

　IT化・デジタル化が急速に進む現代では，一昔前に比べて，データの取得とその統計的検証が格段に実施しやすくなってきています。たとえば，インターネットマーケティングの世界では，複数の施策を並行して実施してその効果を比較するという，「ABテスト」と呼ばれる実証的手法がよく用いられており，データによる統計的検証に基づいて意思決定を行うというプロセスが，ビジネスの世界でも一般的になってきています。そのため，統計学的な思考法を基礎から理解し身に付けていることが，仕事上の強みとして働く場面が増えています。心理学を学ぶことで修得できる物事に対する科学的で客観的なアプローチは，根拠のない誤った情報に惑わされることなく的確な判断を行うことを可能にしてくれる，有効な武器となるものです。

第Ⅰ部のまとめ
SUMMARY

■本書の目的は，読み手の皆さんが，キャリアと心理学との間に深いつながりがあることを理解し，心理学が具体的にどのような形でキャリア形成に活きるのかについて，実感が持てるようになることです。

■キャリアには，「ワークキャリア」と「ライフキャリア」の2つの意味があります。「ワークキャリア」は狭義の定義であり，仕事や職業に関わる生活，職業経歴，その人らしく働くことを表します。一方「ライフキャリア」は広義の定義であり，人の生き方，人生，その人らしく生きることを表します。どちらの定義の立場を取るかは研究者により異なりますが，本書は「ライフキャリア」の考え方に立脚しています。

■キャリアについて考える際には，以下の4点を理解しておくことが大切です。
①キャリアは過去から現在を経て未来につながっていくものである。
②キャリアは人生の中で発達していくものである。
③キャリアは個人の主体的な選択に基づく「自分らしさ」の表現である。
④キャリアの良し悪しを決めるのは他人ではなく自分自身である。

■心理学は主に以下の5つの場面でキャリアに活かすことができます。
①キャリア観と将来展望の形成
②自己理解と適性の把握
③他者理解と人間関係の構築
④モチベーションとストレスの管理
⑤科学的で客観的なものの見方と統計的手法の理解

第 II 部　キャリアに関する理論

——キャリアに関する理論を学ぶことの利点とは何でしょうか——

　心理学にはキャリアに関するさまざまな理論が存在しています。理論とは，いろいろな出来事のなかにある規則的な関係を説明するものです。心理学の理論を用いれば，物事の背後にある仕組みを捉えることができるので，人生で起こるさまざまなイベントに向き合い，どう対処すればよいかを考える際に，適切な判断へと導いてくれるのです。

　キャリアに関する理論を学ぶことには，さまざまな利点があります。第1に，自己理解や人間理解を深めるうえで役立つ枠組みを提供してくれます。自分に向いている仕事や組織はどのようなものか，自分の強みや弱みは何なのかなどを客観的に把握しようとする際に，心理学が提供してくれる人間理解のための分類軸や枠組みが役立ちます。

　第2に，理論や考え方を学ぶことによって，これから先の人生において自分がどの時期にどのような課題に直面する可能性があるかという，大まかな見通しをつけることができます。将来に関しての予測を持つことができれば不安も和らぎますし，時間をかけてそのときのためにしっかりと事前準備をしておくことも可能になります。

　さらに将来，実際に問題に直面した際に，適切に対処していくためのヒントや指針を提供してくれるという利点もあります。理論を知っておくことで，自分自身の置かれた状況を客観的に捉えたり，判断の際に留意すべきポイントや考慮しておくべき観点を見落とさずに済んだりする可能性が高くなる，というメリットがあるのです。

第**3**章 キャリアに関するさまざまな理論

1. キャリアに関する理論の分類

　キャリアに関する理論にはさまざまなものがあります。研究者がそれぞれの視点から，より良いキャリアを形作るうえでの考え方や方法を提示したものですが，その特徴に基づいていくつかの大きなまとまりに分類することができます。心理学の他の領域における理論と同様に，分類の仕方にもいろいろなやり方が考えられるのですが，本書では以下の4つに区分して説明を行います。

(1) 特性−因子論的なアプローチ：「What」に関する理論
　第1に，特性−因子論的なアプローチが挙げられます。これは，個人が持つ特性と仕事が求める要件（因子）との適合に焦点を当てる考え方で，パーソンズ（Parsons, 1909）によって創始された，キャリアに関する理論の中では最も初期に形作られた理論です。どのような仕事が自分に向いているかという問いに答えてくれるという意味で，「What」に関する理論と呼ぶことができます。

(2) 発達論的なアプローチ：「When」に関する理論
　第2に，発達論的なアプローチがあります。前述の特性−因子論的なアプローチが，職業の選択場面という人生の一時点に注目するのに対し，このアプローチでは人の生涯にわたるキャリア発達に焦点を当てているのが特徴です。人生の中で，人がどのような時期にどういった課題に直面し，どのよう

にしてそれを乗り越えていくかということがテーマとなります。人生のどの時期にどのような課題に人は直面するのかという問いに答えてくれるという意味で，「When」に関する理論と呼ぶことができます。

(3)　意思決定論的なアプローチ：「How」に関する理論

第3に，意思決論的なアプローチがあります。これは，キャリアは意思決定の連続によって構成されると捉える立場で，激しく変化していく環境の中で人が直面するさまざまな課題に対して適切な意思決定を行うには，経験を通じた学習が重要な鍵となると考えるものです。キャリアの分岐点において，どのような手順を用いてどう意思決定を行えばよいかという問いに答えてくれるという意味で，「How」に関する理論と呼ぶことができます。

(4)　統合的なアプローチ：「Why」に関する理論

最後に，上記のさまざまな理論を踏まえて構成された，統合的なアプローチが挙げられます。激しく変化する今日の環境に主体的に適応していくために必要となるキャリア・アダプタビリティの重要性を強調する点，また，自己概念やアイデンティティの構築（再構築）に焦点を当てている点が特徴となります。キャリアに関して悩みを抱えたときに，自分はなぜこのキャリアを目指すのか，何のために働くのかという問いに答えを出すための支えとなるという意味で，「Why」に関する理論と呼ぶことができます。

以下では，それぞれのアプローチについて詳しく紹介していきます。

2.　特性－因子論的なアプローチ（パーソンズ，ホランド）：「What」に関する理論

特性－因子論的なアプローチとは，個人の特性と仕事に求められる要件（これを「因子」と呼びます）を適合させることを目標とする考え方です。20世紀の初頭に，パーソンズ（Parsons,1909）が職業的カウンセリングの実践

のために創始した枠組みです。個人の指向・価値観，性格，能力などの特性
は，各種の心理アセスメントを用いて測定・把握することができるため，活
用のための方法論が明確であるという利点があります。このため，特性 – 因
子論的なアプローチは，現在に至るまで職業選択の基本モデルとしての有効
性を保ち続けています。

　一例を挙げると，企業が採用を行う際には，自社で活躍するための人材要
件を事前に明確化しておき，それを基準にして応募者の選抜を行うというや
り方が一般的ですが，これはまさに特性 – 因子論的な考え方に基づくものと
言えます。また，公的機関，民間を問わず，転職や就職を希望する人に対す
る職業紹介のプロセスも，特性 – 因子論的な考え方を基本的な枠組みにして
運用が行われています。

　このように世の中で広く普及し活用されている理論である半面，特性 – 因
子論的なアプローチに対しては，いくつかの観点からの批判も存在します。
具体的には，職業選択という人生における一時点だけに焦点を当てているた
めキャリア全体を捉えるものではないこと，また個人の成長や変化という視
点が含まれていないため，個人と職業の関係の捉え方が静的，固定的になり
やすいことが問題として指摘されています。これらの批判を踏まえて，近年
では個人と環境（職業，組織）との関連性をより幅広く柔軟に捉える，「個
人と環境のフィット（Person-Environment Fit）」という拡張された枠組み
を用いた理論が提示されており，さまざまな研究が行われています。

　特性 – 因子論的なアプローチは，個人の側からの環境への主体的な働きか
けや柔軟な適応という観点も加えるというように，形を進化させながら，現
代においてもキャリアを考える際の基盤となる考え方として機能し続けてい
ると言えます。

(1)　パーソンズの理論

　パーソンズ（Parsons, F.）は 20 世紀初頭に米国で展開された「職業指導
運動」の中心人物であり，職業的カウンセリングはここから始まったとされ
ています。当時の米国では，ヨーロッパからの移民流入や急速な工業化の進

展で都市に人口があふれ，若者が場当たり的な職探しと転職を繰り返しているという現実がありました。

　この状況を改善するために，より良い職業選択を行う枠組みと手順を構築したのがパーソンズです。その著書『職業の選択』（Parsons, 1909）の中で，以下の３つのステップを用いて，個人の特性と仕事に求められる要件（因子）とのマッチングを行う職業選択のアプローチを紹介しています（図 3-1）。

- ステップ１：自己理解（特性）——自分自身の適性，能力，興味，資源，限界，その他の資質についての理解。
- ステップ２：職業と環境の理解（因子）——その仕事で成功するための必要条件，メリット・デメリット，報酬，就職の機会，さまざまな仕事についての展望に関する知識の理解。
- ステップ３：上記のステップ１とステップ２の関連についての適切な推論。

　パーソンズは，「丸い釘は丸い穴に。四角い釘は四角い穴に」と語ったと言われています。この喩えはやや機械的すぎる感が否めませんが，彼が提示した個人と職業とをマッチさせるための枠組みは，現在に至るまで，職業選択やキャリアカウンセリングに関する基本モデルとして，広く受け入れられています。モデルの背景には以下の３つの前提が置かれていますが，いずれも

図 3-1　パーソンズの職業選択モデル（Parsons, 1909）

<STEP1> 自己理解 （特性）	<STEP3> マッチング	<STEP2> 職業と環境の理解 （因子）
・適性 ・能力／スキル ・性格／指向（興味） ・価値観		・仕事内容 ・仕事に必要な要件 ・労働市場の動向

第Ⅱ部

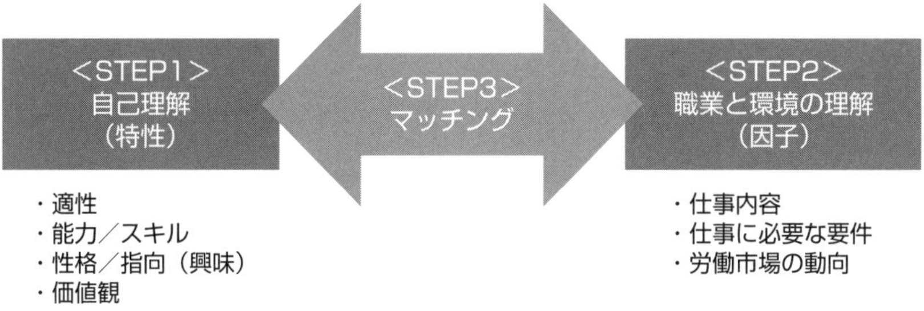

今日の視点で見ても違和感なく受容できる内容であると言えます。

　①個人は他の人とは違う能力を持っており，その能力・特性は測定が可能
　　である。
　②個人は自分の能力・特性に，最もふさわしい職業を選択する。
　③個人の能力・特性と職業に求められる要件が一致すればするほど，個人
　　の仕事における満足度は高くなる。

(2)　ホランドの理論

　個人のキャリア選択は，個人の特性（パーソナリティ）と職業との相互作
用の結果として生じると考える理論であり，遺伝的な資質やさまざまな活動・
経験を通じて，「職業的パーソナリティ」と呼ばれる個人特性が形作られる
とされています。

　ホランド（Holland, J. L.）は，パーソナリティのタイプを6つに分類する
枠組みを提示しており（表3-1），「6角形モデル」あるいはそれぞれのタイ

表3-1　ホランドの6角形モデル

タイプ	特徴（関心が高い仕事や活動）	関連する職業領域
①現実的（Realistic）	機械や物を対象とする具体的で実際的な仕事や活動	技術，技能，機械・装置運転
②研究的（Investigative）	研究や調査などのような研究的・探索的な仕事や活動	研究，情報処理，医学
③芸術的（Artistic）	音楽，美術，文芸など芸術的領域の仕事や活動	美術，工芸，文芸，音楽，出版
④社会的（Social）	人に接したり，奉仕したり，教えたりする仕事や活動	社会奉仕，販売，教育
⑤企業的（Enterprising）	企画や組織運営，経営などの仕事や活動	経営，営業，広報宣伝
⑥慣習的（Conventional）	データの具体的で体系的な操作を必要とする仕事や活動	経理，法務，事務

（Holland, 1985；益田, 2011 を一部改変）

プの頭文字をとって「RIASEC モデル」と呼ばれています（図 3-2）。VPI
職業興味検査（Vocational Preference Inventory，日本労働政策研究・研修
機構）など，この枠組みに準拠したアセスメントツールが複数開発・提供さ
れており，進路選択や職業選択などの場面での幅広い活用実績があります。
　ホランドによれば，職業選択は個人のパーソナリティ表現のひとつである
とされ，自分の性格特徴と一致するような社会環境で仕事をすることによっ
て，より安定的に高い業績を挙げ，職業的満足を得ることができると考えら
れています。実際に，同じ職業に就いている人々は似通ったパーソナリティ
を持ち，さまざまな状況や生じた問題に対して同じような反応をし，そのパー
ソナリティに特徴的な人間関係を作ると言われます。
　職業の選択にあたって自分がどのような仕事や職業に向いているのかを把
握したいときには，このホランドのフレームを用いることで理解を深めるこ
とができます。また，VPI 職業興味検査のように多数のデータに基づいて開
発された心理アセスメントを利用すれば，より客観的な視点から自己と職業
の適合性に関する分析を行うことが可能になります。

図 3-2　ホランドの 6 角形（Holland, 1985）

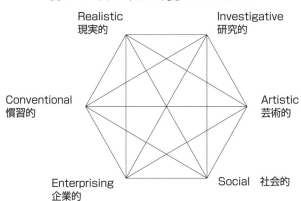

●特性－因子論的なアプローチの特徴のまとめ●

◎活用のための方法論が明確（心理検査を用いてアセスメントできる）。
◎特性－因子論に基づくマッチングアプローチは，現在でも職業選択の基本モデルとして広く社会で活用されている。
▲個人と職業の関係性の捉え方が静的，固定的になりやすい。

3. 発達論的なアプローチ（エリクソン，スーパー）：「When」に関する理論

　キャリアに関する理論は，その発展の初期の段階では，職業選択という人生における一時点の出来事にのみ焦点を当てるものでした。これに対し，視点を人生全体に広げてキャリアを捉え，生涯にわたって繰り広げられる選択と適応の連鎖の過程として扱う，という立場が発達論的なアプローチです。生涯を通じて変化し，発達する存在として人間を捉えようとするもので，人間には多くの人に共通する人生の節目というものがあり，その時々に乗り越えるべき発達課題があると考えます。スーパー（Super, D. E.）やエリクソン（Erikson, E. H.）に代表されるように，1950年代以降にこの観点からさまざまなモデルが提示されています。

　これらの理論は，自分が人生の中で，現在どのような時期・段階にいて，今後どのような課題に直面するのかということを考えるときに，将来への見通しを提供してくれます。未来についてある程度の見取り図となる予想を持つことができれば，時間をかけて必要な準備や心構えをしておくことも可能になりますし，不安も少なくなります。また，人生全体から眺めた自分の成長という視点を持つことで，仕事以外のキャリアにも目が向くようになることも，発達論的な理論を学ぶメリットのひとつです。ライフキャリアという考え方が生まれたのも，このアプローチの代表的な研究者であるスーパーの理論が起点になったと言われています。

　発達論的なアプローチは，人生という大きな視点で自己のキャリアについ

て考えることの大切さに気づかせてくれるものですし，長期的な時間軸を持って物事を考える視点や，日々の忙しさに紛れて見失いがちな，仕事以外の自分にとって大切な要素に目を向けるきっかけを与えてくれます。一方で，発達論的なアプローチによって表現されたモデルはあくまで一般的なものであり，個別性を持つ一人ひとりの具体的なキャリアについて考えるうえでは抽象的すぎて，不十分な面があることは，このアプローチが持つ弱点であると言えます。

(1)　スーパーの理論

　スーパーは，発達論的な視点からキャリアに関する包括的な理論を打ち立てた研究者であり，人生を成長，探索，確立，維持，解放の5つの職業的発達段階に分けて捉えるライフステージ論を提唱しました。各ステージにはそれぞれの発達課題が存在し，その課題を乗り越えることで，次の段階における発達課題達成の基礎が築かれます（図3-3）。

図 3-3　5つのライフステージ（Super, 1985）

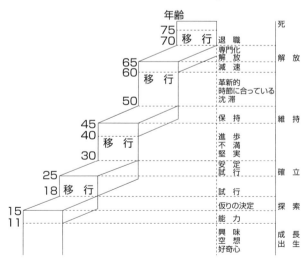

第Ⅱ部

　スーパーによれば，キャリアとは，人が一連の発達課題に遭遇し，自分がなりたい姿（自己概念）に近づいていけるよう努力し，適合していくプロセスであるとされています（表3-2）。なお，ここで示されている年齢区分は，あくまで目安となるおおよそのもので，現実には個人差があることには留意が必要です。

　スーパーはキャリアを，職業や仕事経験によってだけではなく，個人が人生の中で経験する多様な役割によって構成されると捉えており，「ライフキャリア」という考え方を提唱しました。人が生まれてから死ぬまでの間に担うさまざまな役割が，ライフキャリアをどのように構成するのかを視覚的に描写したものが「ライフキャリアレインボー」（図3-4）です。ここでは，多くの人がその生涯で経験する役割として，「子ども」「学生」「余暇人」「市民」「労働者」「家庭人」「その他の役割（病にある者，年金受給者，宗教人など）」の7つが取り上げられています。

　スーパーによって提示された，キャリアを考えるためのさまざまな枠組みは，後に続く他の研究者の理論や職業心理学の基盤となっています。また，

図3-4　ライフキャリアレインボー（Super, 1984）

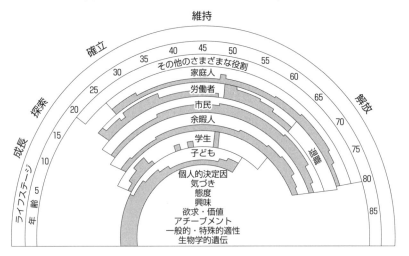

表3-2　ライフステージごとの発達課題

発達段階	年　齢	特　　　徴	課　　　題
成長	誕生〜	学校，家庭における重要な人物との同一視を通じて自己概念が発達する。 自助努力，社会との関わり，自立心，目標設定，粘り強さなどに関わる行動を学ぶ。	・自分がどのような人間でありたいかについての考えを発展させる。 ・職業の世界について理解する。 ・仕事の意味を理解する。
探索	15〜	学校，余暇活動，パートタイム労働において，自分についての吟味，試行錯誤，職業の探索を行う。	・職業に関する志向を特定する。 ・現実的な自己概念を発達させる。 ・より多くの機会について学ぶ。
確立	25〜	適切な仕事の分野が見つけられ，その分野で永続する地歩を築くための努力が行われる。 この段階の初期において試行錯誤を行い，その結果，分野を変える場合もあるが，試行錯誤なしに確立が始まるものもある。	・選択した職業で働く機会を得る。 ・職業的地位の安定を築く。 ・他者との関わり方を学ぶ地固めと向上。
維持	45〜	職業の世界で地歩をすでに築いているので，関心はそれを維持することにある。 新しい地盤が開拓されることは少なく，すでに確立された仕事の様式の継続が見られる。	・自らの限界を受け入れる。 ・働き続けるうえでの新たな問題を明確にする。 ・新たなスキルを開発する。 ・本質的な行動に焦点を当てる。
解放	65〜	身体的，精神的な力量が下降するにつれて，職業生活は変化し，やがて休止する。 人生における他の新しい役割を見つけていく。	・仕事のペースと負荷を減らしていく。 ・リタイアの計画を立てる。 ・仕事以外の役割を開発する。

（Super & Born, 1970 を元に作成）

第Ⅱ部

現在の社会に広く認知されているライフキャリアの考え方に大きな影響を与えたことも，スーパーの功績と考えられます。

(2) エリクソンの理論

エリクソンは，フロイトが唱えた性格形成過程の理論を人生全体に拡張し，人の生涯を通じた発達を8つの段階に分けて捉えるモデルを提示しました（表3-3）。それぞれの発達段階には対応する心理・社会的危機があり，人はそれらを克服していくことで，生涯を通じて発達していきます。各段階の心理・社会的危機を乗り越えることで，人が得るものが「基本的強さの傾向」です。エリクソンの理論は「漸成説」と呼ばれ，人の一生は自我と現実との関係性の中で，アイデンティティを形成していく過程であるとされています。

アイデンティティとは，自分らしさを実感できることを意味していますが，①異なる場面を通じ，一貫して自分は独自で固有な自分であると自覚できること（斉一性），②過去の自分も現在の自分も，連続した同じ自分であると思えること（連続性），③何らかの社会集団に所属し，一体感を持つととも

表3-3 人間の8つの発達段階

発達段階	おおよその年齢	心理・社会的危機	基本的強さの傾向
Ⅰ 乳児期	出生〜1歳頃	基本的信頼 vs. 基本的不信	希望
Ⅱ 幼児期	1歳頃〜3歳頃	自律性 vs. 恥，疑惑	意思
Ⅲ 児童期	3歳頃〜6歳頃	自主性 vs. 罪悪感	目的
Ⅳ 学童期	6歳頃〜12歳頃	勤勉性 vs. 劣等感	有能
Ⅴ 青年期	12歳頃〜20歳頃	アイデンティティ vs. アイデンティティ拡散	忠誠
Ⅵ 成人期	20歳頃〜35歳頃	親密 vs. 孤立	愛
Ⅶ 壮年期	35歳頃〜65歳頃	世代性 vs. 停滞性	世話
Ⅷ 老年期	65歳頃〜	統合 vs. 絶望	英知

(Erikson, 1982 ／邦訳, 1989 を元に作成)

に他の成員からも認められていること（帰属性）の，3つの要素が重要であるとされています。特に青年期においては，アイデンティティの確立がその主要な発達課題であるとされ，「自分とはどのような存在か」という問いに対する答えを見出していくことが求められます。

　アイデンティティというと，他者とは異なる独自な自分を意識するという「斉一性」がまず思い浮かぶかもしれませんが，社会と自分が何らかの形でつながり，その一員として認められるという意味の「帰属性」が，アイデンティティの要素に含まれていることには注目が必要です。自分とは何者かを自身で定義することと，社会に帰属し所属集団から承認されることという，時に矛盾することもある両者を統合していく過程で，アイデンティティが明確になっていくという面があります。

　エリクソンが提示したそれぞれの発達段階を意識することは，人生の中で自分がいま乗り越えるべき課題は何か，この先に直面することになる課題は何か，ということの自覚につながると同時に，その課題を乗り越えるためのヒントを見つけるための手助けとなるものだと言えます。

●発達論的なアプローチの特徴のまとめ●

> ◎今後の人生で，どのような課題に直面するかの見通しが持てる。
> ◎アイデンティティや人生における自分の役割の重要性が分かる。
> ▲表現されたモデルはあくまで一般的なものであり，一人ひとりのキャリアが持つ個別性を扱うには不十分。

4．意思決定論的なアプローチ（クランボルツ，ジェラット）：「How」に関する理論

　キャリアにおける意思決定に焦点を当てるアプローチで，激しく変化する環境の中で今まで経験したことのない新たな課題に直面したときに，それを乗り越えていくために，人はどのような手順で思考を行い，どのように選択

を行うべきかという問題をテーマにしています。自己理解と職業・環境の理解とを結びつけながら，自分のキャリアを決定していくプロセスに注目するもので，日々の意思決定の連続がキャリアを構成すると考えます。

　代表的な研究者として，クランボルツ（Krumboltz, J. D.）とジェラット（Gelatt, H. B.）が挙げられます。両者ともに，前期の理論では合理的な思考に基づく意思決定の重要性が強調されているのに対して，後期の理論では激しく変化する環境の中で生じる不確実性に，いかにして対処するかということに焦点が当てられ，意思決定における柔軟性や意志の大切さが強調されている点で一致しています。

　意思決定論的なアプローチは，検討の際の見落としや考慮不足によって生じる不適切な意思決定を避けるうえで，有効な考え方のフレームを提供してくれます。この理論を理解し，身に付けておけば，選択を行う際に自分自身の価値・判断軸を持つことが重要であることを自覚できますし，さまざまな危険性や不確実要素も十分に考慮しつつ，選択肢を比較検討することによって適切な意思決定を行う助けとなります。意思決定の際に，合理的な考え方だけではなく，自分の夢やビジョン，価値観を大切にしながら，失敗を恐れずに挑戦することの大切さを教えてくれるこれらの理論は，非常に実践性の高いものだと言うことができます。

　一方で，前期理論における合理的な意思決定の手順は，非常に具体的で明確であるのに対し，後期理論で強調されている偶然や不確実性を活かすという観点については，具体的にどのように行動・判断すればよいのかその方法論がやや曖昧である点は，意思決定論的なアプローチの弱点だと考えられます。

(1)　クランボルツの理論

　クランボルツはバンデューラ（Bandura, A.）の社会的学習の考え方をキャリアの領域に応用し，人は環境との相互作用の中で，経験を通じて自分の価値観を理解し，意思決定の仕方を学習するという論を唱えました。その理論の中で，クランボルツが提案した適切な意思決定を行うためのスキルである

表3-4　「課題接近スキル（DECIDES）」

①問題を定義する（Define the problem）
②行動計画を立案する（Establish an action plan）
③大切にしたい価値観を明確にする（Clarify values）
④選択肢を検討する（Identify alternatives）
⑤結果を予測する（Discover probable outcomes）
⑥選択肢を絞り込む（Eliminate alternatives systematically）
⑦実行に移す（Start action）

（Krumbolts & Baker, 1973）

第Ⅱ部

「課題接近スキル」（表3-4）は，実効性の高い方法論として高く評価されています。このモデルは各ステップの英語の頭文字を取って“DECIDES”と呼ばれますが，この7つのステップを意識しておけば，意思決定や判断を行う際に重要な事柄を見落としてしまったり，検討すべき観点が抜けてしまったりという事態を避けることができます。

　意思決定における合理的な手続きの重要性を強調した前期の理論とは異なり，クランボルツはその研究の後期に，「計画された偶発性（Planned Happenstance）」という考え方を提唱しました。これは，人がキャリアの中で偶然に出くわす予期せぬ出来事を，学習のための機会であると捉え，積極的に行動することによって自分の力を高めていくことを推奨するものです。固定的なキャリアプランに捕らわれるのではなく，失敗を恐れずに行動し，試行錯誤し続けることが，変化する環境に対応していくための現実的なアプローチであるとされます。またクランボルツは，予期せぬ出来事をキャリアのための機会として捉え，それを活かすうえで役立つ5つのスキルを提示しています（表3-5）。

　チャンスはただ待っていても訪れるものではなく，自ら行動を起こすことによって自分の手でつかみ取るものだとする「計画された偶発性」の考え方は，非常に実践的であり，キャリアを形成していくうえで有益なものであるため，キャリアについて語られる際にさまざまな文脈で引用されています。

表3-5　好機の活用を支援する5つのスキル

①好奇心：新たな機会を探索する
②持続性：くじけずに努力を継続する
③柔軟性：考え方を柔軟に変える
④楽観性：機会を実現可能と捉える
⑤冒険心（リスクテイキング）：不確実な中でも行動する

(Mitchell et al., 1999)

(2)　ジェラットの理論

　クランボルツと同様に，ジェラットも前期には，経済学・数学における研究の成果をベースに，キャリア選択における理性的で合理的な意思決定の重要性を強調しました（Gelatt, 1962）。人間の意思決定を情報処理機械と見立てて，①「情報収集し選択肢を列挙する（予測システム）」，②「結果の望ましさを評価する（価値システム）」，③「基準に照らして選択肢を絞り込む（決定基準）」という3つのプロセスに沿って意思決定を行うことで，人が陥りやすい判断の誤りを防ぐことができるとしています（表3-6）。

　一方，後期においては，客観的で合理的な方法だけでなく，主観的で直観的な方法を統合して用いることの必要性を唱え，「積極的不確実性（Positive Uncertainty）」という概念を提示しました（Gelatt, 1989）。この考え方は，前期理論における合理的な意思決定の重要性を否定するものではありません

表3-6　ジェラットの理論：前期と後期の比較

前期：合理的意思決定
　　　①予測システム（情報収集し選択肢を列挙する）
　　　②価値システム（結果の望ましさを評価する）
　　　③決定基準（基準に照らして選択肢を絞り込む）

後期：「積極的不確実性」（Positive Uncertainty）
　　　──直観や非合理的な側面も重視する意思決定
　　　・未来は予測できない。創造すべきもの
　　　・現実的であることを重視する決定は魅力的でない
　　　・夢やビジョンを持つことで未来を創造する

が，未来がどうなっていくかを正確に予測することが難しい現代においては，その不確実性を積極的に受け入れ，夢やビジョンを持つことで未来を創造していくことが大切であるとするものです。

　未来に向かっていく意志を持ち，不確実性を前向に捉えて柔軟に活かしていこうとする点で，クランボルツの「計画された偶発性」に相通じる考え方であるということができます。

●意思決定論的なアプローチの特徴のまとめ●

◎意思決定の際の見落としや，検討不足が避けられる。

◎偶然の機会を活かし，未来を創造していくことの大切さを意識させてくれる。

▲偶然の機会や不意確実性を活かすための方法論が，やや曖昧。

5． 統合的なアプローチ（サビカス，ホール）
：「Why」に関する理論

　最後に，比較的近年のものである，キャリアに関する統合的なアプローチを紹介します。今日，グローバル化の進展や産業構造の転換にともない，企業の倒産やリストラクチャリングが日常化するなど，働く人たちはかつてない激しい環境変化の中に置かれています。ここで取り上げるサビカス（Savickas, M. L.）とホール（Hall, D. T.）は，このような状況を踏まえ，従来の理論をベースにしながらも，個人がアイデンティティを失わずに変化する労働環境や組織とどのように折り合いをつけていくかという視点を中心に置いた，統合的な理論を提示しています。社会環境の大きな変化に適応するために必要となるキャリア・アダプタビリティの重要性，またキャリアの外的な面だけでなく内的な意味やアイデンティティの再構築の大切さを強調している点が，二人の理論に共通する特徴です。

　本人にとってのキャリアが持つ意味の重要性に光を当てている点で今日的

であり，有効性の高い理論である一方，キャリアの主観的な面が強調されす
ぎており，本人がどのような能力や適性を有しているか，どのようなことに
適合性があるのかというキャリアの客観的な側面がやや軽視されている点
は，統合的なアプローチの弱点だと言うことができます。

(1)　サビカスの理論

　サビカスは前述したスーパーに教えを受けた研究者であり，スーパーやホ
ランドなどによる従来のキャリアの理論を統合して，新たな理論を組み立て
ています。サビカスの理論の背景には，激しく変化する環境の中で，個人が
アイデンティティを失わずに組織や職業と折り合いをつけていくにはどうす
ればよいか，という問題意識があり，社会の中で変化していく組織のあり方
や環境に柔軟に対応しながらキャリアを構築するためには，「キャリア・ア
ダプタビリティ（キャリア適応力）」を高めることが重要だという主張を行っ
ています。

　キャリア・アダプタビリティは，「キャリア関心（Concern）」「キャリア
統制（Control）」「キャリア好奇心（Curiocity）」「キャリア自信（Confidence）」
の「4つのC」（英語の頭文字を取り，このように呼ばれます。表3-7）で構

表3-7　キャリア・アダプタビリティ（適応力）の4つのC

次　元	態度と信念	内　容
関心 (Concern)	計画的	過去を振り返り，現在を深く考え，将来を予測することによって，未来を現実のものとして感じること。
統制 (Control)	決断的	自らのキャリアを構成する責任を持っていると感じ，信じること。
好奇心 (Curiosity)	探究的	新しい経験に対してオープンであること。自分の可能性や今とは異なる役割を試してみること。
自信 (Confidence)	効力感	障害を乗り越え，挑戦を続けることによって成功へとつながるという予期。

(Savickas, 2005)

成されます。これらをそれぞれ高めていくことによって，来るべき変化に柔軟に対応するためのレディネス（学習のために必要な知識・経験・スキルが整っている状態）を高めることができるとされています（Savickas, 2005: 表3-7）。

　もうひとつ，サビカスの理論に特徴的なこととして，「キャリア構成主義」という考え方に立脚している点が挙げられます。人は自らのことを他者に語るという行為を通じて自分自身に関する物語を作り，そのことによって生きることの意味を構成するという立場で，キャリアの支援のためにはナラティブ・アプローチと呼ばれる手法が用いられます。

　人が自分自身に関する経験を語るとき，一見するとばらばらで，まとまりのないことを話しているように見えたとしても，実はその話の中に何度も繰り返し現れる「ライフテーマ」が含まれており，このライフテーマに着目することで，一貫性のあるその人らしさ（アイデンティティ）を見出すことができ，また，その人が問題に適応していくうえでの意味づけや，方向性の手がかりが得られるとされています（Savickas, 2011）。図 3-5 は，サビカスが提唱した「キャリア構成インタビュー」と呼ばれる，構造化された面接の進め方です。こうしたインタビューを通じて，クライアントが人生やキャリアに関する「物語」を見出すための支援を行っていきます。

図 3-5　「キャリア構成インタビュー」の面接構造 (榧野, 2015)

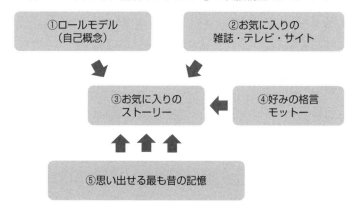

　サビカスのアプローチは，社会や労働環境の激しい変化という現実を踏まえて構築された理論であること，また，対処のための具体的な方法論が提示されていることから実効性が高く，活用の幅が広い理論であると言うことができます。

(2)　ホールの理論

　ホールも前述のサビカスと同様に，激しく移り変わる環境に適応していくために，個人に何が求められるかということを問題にしています。これからの時代のキャリアは，組織ではなく個人を軸にして構築するべきものであり，変化に対して柔軟に適応できるように「プロティアン（変幻自在）・キャリア（Protean Career）」を形成していく必要があるというのがホールの主張です（Hall, 2002）。

　表3-8は，伝統的キャリアとプロティアン・キャリアの違いを整理したものですが，プロティアン・キャリアでは，昇進・地位・給料といった外面的な成功ではなく，仕事の満足感や充実感などの「心理的成功」が重視されま

表3-8　プロティアン（変幻自在）・キャリア

	プロティアン・キャリア	伝統的キャリア
主体者	個人	組織
核となる価値観	自由，成長	昇進，権力
移動の程度	高い	低い
重要な目標となるもの	心理的成功	地位，給料
重要な態度	専門的コミットメント 自分を尊敬できるか	組織コミットメント 組織から尊敬されているか
重要なアイデンティティ	自分は何がしたいのか	私は何をすべきか
重要なアダプタビリティ	仕事関連の柔軟性 現在のコンピテンシー（市場価値）	組織関連の柔軟性 組織で生き残ることができるか

（Hall, 2002 を元に作成）

す。また「組織へのコミットメント」ではなく，「専門性へのコミットメント」がより重要になります。これは，近年の日本において強く求められるようになってきている，「キャリア自律（会社や組織に依存せず，継続的に学習を行いつつ，自ら主体的にキャリアを形成していくこと）」の概念に非常に近い考え方だと言えます。

　プロティアン・キャリアを形成していくにあたっては，①アダプタビリティ（適応力）を高めることと，②変化に適合するようにアイデンティティを自分の中で再統合することの，2つが重要であるとされます。アダプタビリティを重視する点ではサビカスと一致していますが，ホールがアイデンティティの重要性を強調するのは，環境への変幻自在な対応を可能にするうえで，自分の価値観や軸となる信念について自覚的になることが必要となるためです。人は自分の中に拠り所となるものを有しているからこそ，新たなことに挑戦できるという面があり，キャリアにおいて大きな変化に直面したり，困難にぶつかったりしたときには，その都度自分の中で判断や行動の基軸となるアイデンティティを再統合していくことが求められます（図3-6 参照）。

　ホールの理論は，個人が会社や組織に依存するのではなく，キャリアを自

図 3-6　アダプタビリティと適応の構成要素（Hall, 2002 を元に作成）

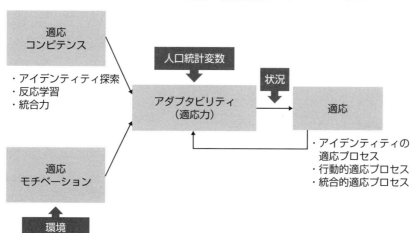

第Ⅱ部

分の意志で選択していく「キャリア自律」を実現しようとするとき，何を大切にして行動していけばよいかを教えてくれるものです。昇進・地位・給料という外面的な成功や「組織へのコミットメント」ではなく，仕事の満足感や充実感という「心理的成功」や，「専門性へのコミットメント」の重要性を強調する「プロティアン・キャリア」という考え方は，非常に今日的であり，実践的な価値を有するものと言えます。

●統合的なアプローチの特徴のまとめ●

◎激しく変化する環境にどう対処すればよいかを示している（アダプタビリティ）。

◎アイデンティティを自ら主体的に再構成することの重要性を教えてくれる。

▲キャリアの主観的な面が，やや強調されすぎている傾向がある。

第 II 部のまとめ

第 II 部

■心理学には，キャリアに関するさまざまな理論が存在します。これらの
理論を学ぶことには，2つの利点があります。
①自己や他者を理解するための枠組みを提供してくれる。
②人生で今後直面する課題についての見通しがつけられる。

■キャリアに関する理論は，大きく4つのアプローチに分類できます。
①特性−因子論的なアプローチ：職業選択場面において，個人と仕事と
をマッチングさせるための理論的根拠であり，自分に適した仕事を選
ぶための考え方を提示してくれます。
②発達論的なアプローチ：人が人生で乗り越えていくべき発達課題をモ
デル化したもので，今後の人生の中で生じるライフイベントについて
の見通しを示してくれます。
③意思決定論的なアプローチ：変化が激しく先々が見通せない環境の中
で，どのように考えてキャリアの選択をすればよいのかを示してくれ
ます。
④統合的なアプローチ：アダプタビリティ（適応力）を高め，自己のア
イデンティティを再統合することで，環境変化に柔軟に対応していく
ことの重要性を示してくれます。

■4つのアプローチはそれぞれ活用に向いている場面は異なりますが，い
ずれもがキャリアにおける何らかの選択や変化への対応を行っていくと
きに，有益な視点や示唆を提供してくれるものです。

第 **III** 部　キャリアにおける発達の課題

────**はじめに**────

　ここでは，発達論的なアプローチをもう少し掘り下げて，人の一生の過程・周期である「ライフサイクル」の視点から，人の発達課題や自立というテーマについて見ていきます。

　人生の中でかなり遠い将来の話も出てきますので，年齢の若い皆さんにとっては興味が湧きにくい面もあるかと思います。しかし，長期的な視点を持つことはキャリアを考える際にプラスになることはあっても，マイナスになることはありません。ご両親や周囲の年配の方々を思い浮かべながら，あるいは想像力を働かせながら，理解を深めるようにしてください。

　それでは，人のライフサイクルにおける発達課題について見ていきましょう。

第4章 ライフサイクルと発達段階

1. ライフサイクルとは

　ライフサイクルというのは，人が生まれてから成長し，やがて老いて死ぬまでの一連のプロセスのことを指します。季節に春夏秋冬の違いがあるように，人の一生も，四季になぞらえる複数の段階に分けて捉えることができます。区分の仕方は研究者によって異なりますが，たとえば第3章で紹介したエリクソンの8つの発達段階（漸成説）や，スーパーのライフステージ論はライフサイクルの代表例です。

　他にも，人生を太陽の運行になぞらえて4段階に区分したユング（Jung, C. G.）のライフサイクル論（図4-1），「生物学的・社会的サイクル」「仕事・キャリアサイクル」「家族関係サイクル」の3つの視点で人生を捉える，シャイ

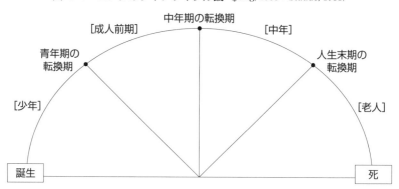

図4-1　ユングのライフサイクル論（Jung, 1933 ; Staude, 1981）

ンのサイクルモデル（図4-2），中年期のキャリアに焦点を当てて研究を行っ
た，レヴィンソン（Levinson, D. J.）のライフサイクル論（図4-3）など，
これまでにさまざまなモデルが提示されています。

　細かく見ればそれぞれのモデルによる差異はありますが，大きく捉えると
ライフサイクルは「少年期」→「成人期」→「中年期」→「老年期」という
4つの段階に区分されます。段階と段階の間には，節目としての3つの転換
期が存在します。

　最初の節目は，社会に出て初めて仕事に就く時期にあたる，少年期から成
人期への移行であり，この時期は「青年期」という名前で呼ばれることもあ
ります。2つ目の節目は，加齢による能力の衰えの自覚にともない，人生の

図4-2　シャインの3つのサイクルの相互作用モデル（Schein, 1978）

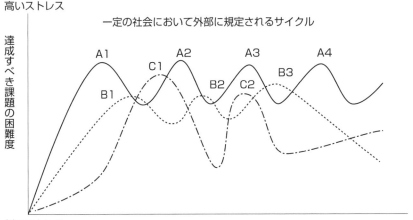

高いストレス

一定の社会において外部に規定されるサイクル

達成すべき課題の困難度

A1　C1　A2　A3　A4
B1　B2　C2　B3

低いストレス　　　　時間（実時間あるいは社会的時間）

A ― 生物学的・社会的サイクル　B ···· 仕事・キャリアサイクル　C ·―· 家族関係サイクル（新家族）

A1：青春期　　　　　B1：キャリア／組織へのエントリー　C1：結婚，子ども
A2：30代の危機　　　B2：在職権の獲得　　　　　　　　　C2：子どもの成長
A3：中年の危機　　　B3：引退
A4：老年の危機

　主な仮説：個人の有効性は課題の全体的困難度が最高の場合に最低になるが，困難度が高いほど，急速に
　　　　　　成長するための大きな機会も生まれる。

図4-3　レヴィンソンによる成人前期と中年期の発達段階（Levinson, 1978）

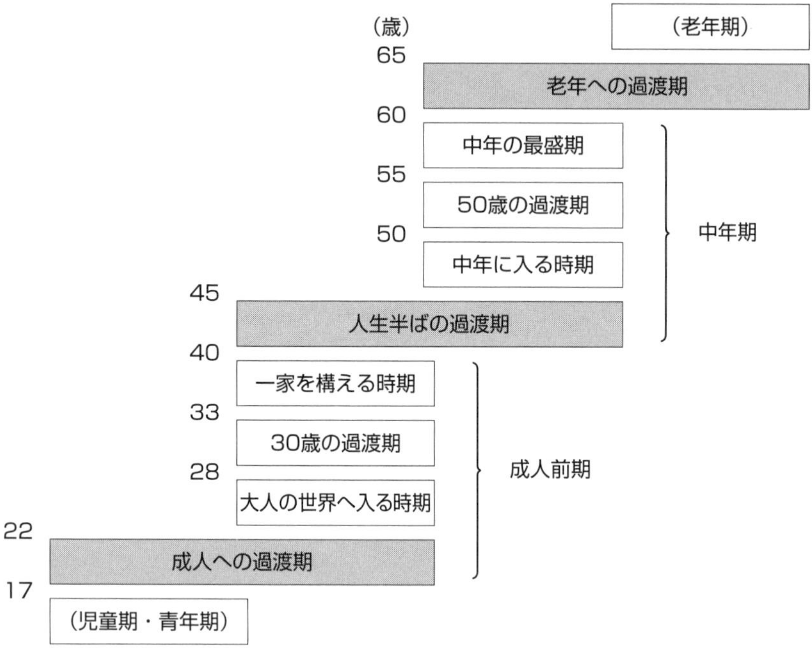

意味や目標の再構築が求められる時期にあたる，成人期から中年期への移行です。そして３つ目の節目は，体力の限界感や老い・死への不安に向き合いつつ，自らのこれまでの人生を統合していくことが求められる時期にあたる，中年期から老年期への移行です。これらの節目はいずれもキャリア上の大きな転換点であり，「キャリアの危機」と呼ばれる時期にあたります。

　以下では，この３つの転換期の特徴についてそれぞれ説明します。

2. 成人への転換期である青年期について
　：自己の探求とアイデンティティの確立

　人が少年から成人へと移行していく時期は青年期にあたり，学生から社会

で働く存在である社会人への移行が，発達における中心的なテーマになります。この時期には，職業の選択と就業を通じて自分の社会的な役割を獲得し，経済的・精神的に自立することで，一人前の大人として認められるようになることが求められます。仕事を通じて社会的責任を果たしながら他者との適切な関係を培い，職業上のキャリアを築いていくことが，この時期の重要な発達課題です。

　こうした課題に対処していくプロセスの中で，自らのアイデンティティが明確になり，「自分とは何者か」「自分はどのような人間として生きていこうとしているのか」ということが，自身の中で次第にはっきりしてくる時期にあたります。

　青年期のアイデンティティの形成に関しては，マーシャ（Marcia, J. E.）が，「危機をすでに経験しているか」という観点と，「自己のアイデンティティの問題に積極的に関与しているか」という観点の二軸の組み合わせによって，「アイデンティティ達成」「モラトリアム」「予定アイデンティティ」「アイデンティティ拡散」という，4つの状態（アイデンティティ・ステイタス）を用いた整理を行っています（表4-1）。「アイデンティティ達成」のためには，自己内外のさまざまな変化の中で，自分が危機に直面しているということを自覚的に捉え，この問題から目を背けずに積極的な姿勢で向き合うことが重要となります。

　アイデンティティ形成の過程では，「自分はどのような存在か」に深く思いを至らせ，自分なりの答えを見出していこうとする内面的な取り組みが重要であることはもちろんですが，社会的な存在として自己を位置づけていくということも，また重要になります。これは，社会とどのような形でつながり，どのような役割を引き受け，どういった評価を受けるかという課題に向き合っていく必要があるということです。

　スーパーは自己概念に関する理論の中で，主観的自己と客観的自己を一致させることの重要性を強調していますが，自己の内的な視点と，他者や社会からの外的な視点という，時に矛盾する2つの視点をいかに統合していくかが，独り善がりに陥ることのないアイデンティティを形作っていくうえで重

表4-1　マーシャのアイデンティティ・ステイタス

アイデンティティ・ステイタス	危　機	積極的関与	概　要
アイデンティティ達成	経験した	している	いくつかの職業的選択について，真剣に考えてきているか，親が考えていた職業とは異なる職業を選択している。選んだ最終的な職業選択が，親の望んだ職業の一変形にすぎないように見える場合でも，意思決定期間（危機期）を経験し，自分で決定を下している。
モラトリアム	その最中	しようとしている	職業を選択・決定する段階にあり，両親の計画や希望がまだ重要な意味を持っており，両親の計画と社会の要請，自身の能力や志望がかみ合うような方向を見出さなければならない。そのことで当惑はしているが，問題に真剣に取り組んでおり，内的関心も高い。
予定アイデンティティ（早産型）	経験していない	している	両親の定めた目標と，自分自身の目標の間に不一致が見られない。自分で意思決定や選択を行う時期を経てきていない。幼少期から他人に言われてきたことが自分の考えになっており，それに違和感を感じていない。「父，母のように」といった青年期以前からの同一視の傾向が現れている。
アイデンティティ拡散（危機前拡散）	経験していない	していない	職業選択を行っておらず，それに対する関心もほとんどない。自分に起こったことは運が良かった（悪かった）からだというような，「外的な」方向づけが見られる。

（Marcia, 1964；鑪他, 1995 を元に作成）

要になります。

　所属する組織や社会における自らの役割を定め，職業的な習熟を高めていくことで周囲からも認められるようになり，社会の一員としての自分に自信が持てるようになります。その過程を通じて，主観的自己と客観的自己が次第に接近していくことで，成人前期のキャリアは安定したものになっていきます。

3. 中年期への転換期について
：心身の変化の認識にともなう半生の問い直しと
　アイデンティティの再確立

　一般に，人生前半のキャリアでは，時の経過とともに自己の能力やスキルが高まり，仕事やそれ以外の活動領域も広がっていきますので，自分がより高いレベルへと成長し続けているということを実感しやすいものです。人生を通じて自分という存在は，次第に進歩・向上していくもののように思えますし，そのことが当然のように感じられます。

　ところが，40代以降となり中年期の入り口に差し掛かると，人はそれまでとは何かが違うことを自覚するようになります。この時期には，体力的な衰えを感じるようになったり，自分の仕事上の能力が今以上に伸びていくことに対して限界を感じ始めたりします。組織の中での昇進の可能性に天井が見えてきたり，また家庭では子どもが次第に自立して自分の手を離れていってしまったり，女性の場合には出産年齢の上限を迎えるなど，さまざまな形で難しい現実に直面することになります。

　自分の人生が有限であるということの自覚を背景にして，「自分の生き方は今のままでよいのか」「これまでの人生でやりたくても諦めてきたもの，犠牲にしてきたものをそのままにしておいてよいのか」といった，本質的な疑問や問いが内面から湧き上がってくるのも，中年期に見られる傾向です。

　太陽の運行に喩えるなら，人生が，最高高度である南中点を越えて今後次第に下降に向かい始める転換点に差し掛かっているのですが，その事実に正面から向き合い，受け入れるというのは，簡単にできることではありません。この時期が「中年期の危機」と呼ばれるのはそのためです。しかし，危機とは人がさらなる成熟へと進むのか，あるいは逆に退行へと向うのかの岐路です。今までの生き方を継続するのではうまくいかずに，不適応に陥ってしまう恐れがありますが，反対にこの機にこれまで自分が歩んできたキャリアや自分のあり方を見つめ直し，自分のアイデンティティを新たな形で前向きに

第Ⅲ部

再構成していくことができるならば，危機は人間としての一層の成熟に向けた機会となります。

　近年さまざまな研究によって，アイデンティティというのは必ずしも青年期に確立してそのまま維持され続けるものではなく，その後のキャリアの中で大きな危機に遭遇すると，その都度揺らぎが生じ，再構築されるという考え方が示されています。たとえば岡本（2002）は，人生におけるアイデンティティの度重なる再構築のプロセスを，螺旋式のモデルを用いて表現しています（図4-4，表4-2）。

表4-2　ライフサイクルにおける危機期のプロセス

プロセス	青年期	中年期	老年期（現役引退期）
Ⅰ 自己内外の変化に伴う危機の認識	・身体の変化の認識（子どもの身体から大人の身体への変化）	・体力の衰え，体調の変化の認識 ・バイタリティの衰えの認識 ・出産上限年齢に到達（閉経）	・退職による生活環境の変化 ・社会的地位の喪失，低下 ・収入や経済的基盤の喪失，低下 ・社会的交流の減少 ・無為
Ⅱ 自分の再吟味と再方向づけへの模索	・自分の役割の試み ・社会の中への自分の位置づけの試み ・将来展望の確立の試み	・自分の半生への問い直し ・将来への再方向づけの試み	・自分の人生の見直し ・退職生活への方向づけの試み
Ⅲ 軌道修正・軌道転換	・親からの自立 ・社会への位置づけと社会からの承認の獲得 ・能動的な活動が可能な適切な対象関係の獲得	・子どもの独立による親の自立 ・社会との関係の変化や役割喪失，対象喪失などの変化に対して，適応的な関係の再獲得	・退職後へ向けての生活，価値観などの修正 ・社会，家族との関係の変化
Ⅳ アイデンティティの再確立	・アイデンティティの確立	・アイデンティティの再確立	・アイデンティティの再確立

（岡本，2002を元に作成）

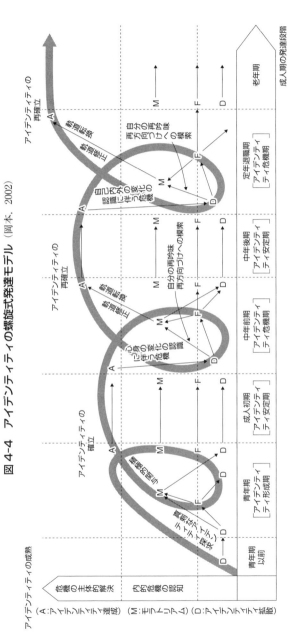

図4-4　アイデンティティの螺旋式発達モデル（岡本，2002）

　このモデルから見て取れるように，一度形成されたアイデンティティも，環境や自分自身の変化によって生じる危機に向き合う中で，その都度モラトリアムや拡散の状態に戻り，再度構築されるという過程を繰り返します。人は生涯をかけてアイデンティティを形作っていく存在であるとエリクソンは述べていますが，各時期の危機を乗り越えていくことにより，アイデンティティの構築・再構築が繰り返され，発達や成長が促されるものと考えることができます。

4. 老年期への転換期について
：自己内外の変化の認識にともなう人生の見直しと　アイデンティティの再確立

　老年期は，職業生活からの引退を視野に入れる時期であり，キャリアの最終的な締め括りとなる時期です。社会的に責任のある立場や役割から外れていくと同時に，老化や体力の衰えが進むにつれて，身体的にも精神的にもこれまではできていたことができなくなるという喪失を実感する場面が多くなります。また，親やきょうだい，親しい友人など，自分にとって大切な人たちとの死別に直面する機会も増え，ともすると喪失感，不安，絶望といった感情にさいなまれるようになります。

　エリクソンはこの時期の発達課題として，「統合」を挙げています（Erikson, 1982）。自分が生きてきたこれまでを振り返り，一度限りの人生を，肯定的な面も否定的な面も含めて自らのものとして受容すること，すでに亡くなってしまった人も含め，人生の中で自分にとって重要な存在であった人たちを受け入れていくことが大切であるといいます。この時期には，物質的な要素よりも精神的な要素が重要性を増し，何かを新しく獲得していくというよりは，これまで培ってきたものや経験してきたことに新たな意味を与えたり，物事の見方を変えたりしていくことが求められます。

　高齢化が進展する日本の社会の中で，老年期のキャリアをいかにして過ごすかということは，従来にも増して重要なテーマになっています。「人生

100 年時代」の到来を前に，企業における定年の延長や再雇用制度など，高齢になっても，希望すれば限定された役割を担いつつ仕事を継続することが可能な環境が，徐々に整備されつつあります。また，現役を退いたとしても，過去と比べて長期化した引退後の期間を，「単なる隠居の生活ではなく第2の人生として自分らしく生きたい」と考える人も増えています。今日では老年期のキャリアにも，さまざまな選択の幅が生まれてきているのです。

　一方で，加齢にともなって身体の機能が低下したり，認知症などの疾病に罹患したりする確率が確実に高まっていくなか，自らの能力や自律性が次第に失われていく恐怖を正面から受け止め，「老いる」ことに肯定的な意味を見出すというのは簡単なことではありません。いかにすれば自分に残された人生を有意義に過ごすことができるのか，確実に近づいてくる死という現実を前に不安や絶望に打ちひしがれるのではなく，これまでの人生や巡り合ったさまざまな人たちとの出会いを受容し，良かったことも悪かったことも含めて納得できる人生であったと思えるように，自らの考え方や生き方を人生の締め括りにふさわしく適応させていくことができるかどうかが，老年期における発達課題となります。

第Ⅲ部

第5章 自立と成熟した人格

　前章では，人のライフサイクルがどのような段階によって構成されているか，また，それぞれの段階の移行期における発達課題がどのようなものかについて見てきました。青年期の転換期についてはアイデンティティの形成に焦点を当てて説明しましたが，この章では少し観点を変えて，「人が大人になる」とはどういうことかについて考えてみたいと思います。具体的には，「自立」と「成熟した人格」という2つのテーマを取り上げ，人が大人になるためにはどのような要素が必要なのか，また「あの人は人間的に成熟している」と言われる人はどのような要素を兼ね備えているのかということについて考えます。

1. 自立とは何か

　青年期に学生から社会人へと移行していくときには，「自立」が求められるようになります。自立と聞くと，いつまでも親の脛をかじるのではなく，独立して早く一人前になるというイメージがまず頭に浮かびますが，よく考えてみると具体的に何ができるようになることを指すのか，その意味内容には曖昧な部分も多いと言えます。自立とは何かについて正確に理解するために，ここでは研究者による定義を見てみましょう。

(1) 自立の学術的な定義とその構成要素

　久世他（1980）は自立の概念を，「身体的自立」「行動的自立」「精神的自立」「経済的自立」の4つに分類しています。このうち，身体的自立と行動的自

立については幼児期に基本的生活習慣として身につくものであり，青年期以降は精神的自立と経済的自立の獲得が重要な課題になります。具体的には，親から精神的に分離する（精神的自立）とともに，社会に出て何らかの職業に就くための準備（経済的自立）を行うことがこの時期に求められます。

　また，渡邊（1991）は自立の基本的定義を，①他者からの介助・介入・支配・監督からの離脱（消極的自立），②自己判断・自己決定・自己統制に基づき，時間的展望をもって主体的に自分自身でやること（積極的自立）としたうえで，その構成要素を「身体的自立」「行動的自立」「認知的自立」「情緒的自立」「価値的自立」「経済的自立」の６つに整理しています（表5-1）。この６つのうち，「身体的自立」を除く５つの要素については，青年期までに消極的なレベルで獲得されたものが，青年期以降ではさらに積極的なレベルの自立へと高まっていき，主体性，客観性，自己統制，時間的展望などが加わっていくとされます。自立には，単に他者の支配・監督からの離脱という消極的な意味だけではなく，主体的に自己決定・自己統制できるという積極的な意味を含むものであるという点が，渡邊による重要な指摘です。

(2)　自立と依存の関係

　自立については，従来，人に頼らず自分一人の力でできる状態として考えられ，依存からの脱却という文脈で語られることが多かったのですが，近年の研究により青年期・成人期にも依存性が存在すること，自立と依存が対極概念でないことが明らかになっています（福島，1993；高橋1968a，1968b，1970；渡辺，2002など）。人と人は互いに支え合って生きていく存在ですから，単に自分一人で何でもできることが自立というわけではなく，他者と適切な相互関係を築き，それを維持できるということも大切な要素になります。言い換えると，自立とは，他者に依存しないことではなく，必要な場合には他者に上手に依存できる状態，ということができます。

　この観点から，福島（1997）は20〜60歳代の成人男女600名を対象にした調査を行い，因子分析によって成人の自立観を構成する7つの因子を抽出しています（表5-2）。これを見ると，「独立」「身辺自立」「自己主張」とい

表 5-1　自立の概念

自立の側面		定義と概念	
		消極的自立	積極的自立
自立の基本的概念		他者の介助・介入・支配・監督からの離脱	自己判断・自己決定・自己統制に基づき，時間的展望を持って主体的に自分自身の力でやること
身体的自立		誕生による身体的母子分離・離乳	—
行動的自立	一般的行動的自立	歩行の獲得　基本的な行動の獲得	長期的展望のもとに行動のリスクの可能性をも含む結果の予測や自己の能力・役割を考慮した自己決定に基づき，準備・実行・事後処理まで自発的，主体的に自らの力でできる
	生活行動的自立	食事・睡眠・排泄・着脱衣など，基本的生活習慣の獲得	衣食住をはじめとする基本的生活全般の準備・実行・事後処理まで主体的に自らの力でできる
認知的自立		自他分化の自己認知の成立　親・教師・社会一般の認知の枠組みからの離脱	自己の現実のあり様を肯定的，受容的に認めるとともに他者や外的事象を客観的・主体的に認知できる
情緒的自立		心理的母子分離・母親への情緒的依存の減少　親への情緒的依存からの離脱	親をはじめ他者の在，不在にかかわらず，他者との心の交流を持ちつつ，情緒的な自己統制ができ，常に一定の心の安定を保てる
価値的自立		道徳・政治・思想・宗教・人生・性に関する個人的，社会的価値観において，他律的，権威服従的基準からの離脱	個人的，社会的価値観において，行動の指針として普遍的原理・原則に基づく理想を目指した自立の基準を主体的に持つこと
経済的自立		親への経済的依存からの離脱	相対的に長期的な展望のもとで，自己の能力，性格やリスクの可能性も考慮した主体的な選択にもとづき，自己の生活を継続的に支える収入を得ること

(渡邊，1991 を元に作成)

表5-2　成人の自立観を構成する因子

因　子	内　容
独立	経済的な自活や判断，責任性に関すること
身辺自立	洗濯，炊事などができること
自己主張	自分の意見を主張できること
相互理解・相互扶助	相手の立場を尊重したり，お互いに助け合うこと
親・友人との信頼関係	親や友人を信頼し，また親や友人から信頼されていること
パートナーシップ	配偶者を信頼し，また信頼されていること
ソーシャル・ネットワーク	困ったときには他者に適切に頼ることができること

（福島，1997 を元に作成）

第Ⅲ部

う「人に頼らずに自分でできる」という要素に加えて，「相互理解・相互扶助」「親・友人との信頼関係」「パートナーシップ」「ソーシャル・ネットワーク」という「周囲に上手に依存し，相互に頼り助け合う」という要素を含む形で，自立観が構成されていることがわかります。

(3)　自立についての理解を深める利点

　ここまで「自立」に関するさまざまな定義や調査について見てきましたが，自立というものがただ単に「親への依存からの離脱」ということを意味するだけではなく，自らを律し主体的に自己決定ができるようなること，他者と適切な距離を取りながらも互いに助け合い，頼り合える関係を築けるようなること，という概念をも含むものであることが理解できたと思います。

　いかにして自立するかという課題に向き合っている最中の若い方にとっては，自立の意味内容を正しく理解しておくことで，自分の中で目指す目標が明確になったり，親に対して必要以上に反抗的な態度を取らなくてよいことに気づくなど，プラスに働くことがあるかもしれません。また，消極的自立，積極的自立，他者との適切な相互依存という自立の構成要素について理解し，

それらを意識することは，親との関係構築だけでなく，友人や会社の同僚，仕事の関係者などと安定した良好な人間関係を構築するうえでも，とても重要なものです。

2. 成熟した人格について

　前節では，青年期の課題である「自立」について考えてきました。ここでは次に，人生をもう少し長いスパンで眺めたときに，成熟した人格を持つ人とはどういう人か，わかりやすく言えば「あの人は大人だ」「人間的に成熟している」と思えるような人がどのような特徴を備えているかについて，考えてみたいと思います。

(1) 成人としての成熟

　フロイトは「正常な人間ができなくてはならないことは何か」と尋ねられたとき，「愛することと，働くことができなくてはならない」と答えたと言われます。あまりにもシンプルな回答なので，これだけですべてなのかと少し心配になる面はありますが，人間にとってこの2つの事柄が非常に大切なものであり，誰もが人生の中で向き合わなければならないテーマであることは間違いないでしょう。

　人としての成熟を巡っては，日本でもアイデンティティの研究者である岡本（2002）が，「成人としての成熟性」を表すモデルを提示しています（図5-1）。このモデルにおいて，垂直方向の軸は，達成や自立を通じた自己実現によって特徴づけられる「個としてのアイデンティティ」（上）と，人間関係や他者に対する関心・世話（ケア）によって特徴づけられる「関係性に基づくアイデンティティ」（下）を表しています。また水平方向の軸は，「職業を中心とする公的領域」（右）と，「家庭を中心とする私的領域」（左）を表しています。

　この図5-1を先ほどのフロイトの言う2つに関連づけるならば，右上の象限である「職業人としてのアイデンティティの達成」が「働くこと」に対応

図5-1　成人としての成熟性（岡本，2002 を元に作成）

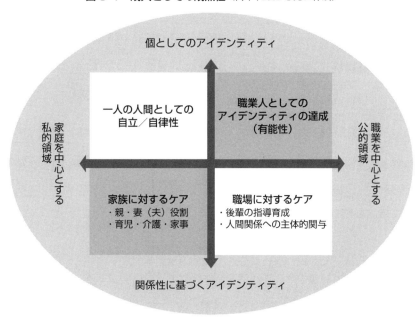

し，左下の象限である「家族に対するケア」が「愛すること」に対応すると考えられます。岡本によれば，成人としての成熟には，この図の4領域がバランスよく機能し，統合されていることが重要であるとされます。成人としての成熟を深めていくためには，家庭においても家族に対する配慮・愛情だけでなく，一人の人間としての自立・自律（左上の象限）が求められますし，また仕事の場においても有能性の発揮だけでなく，人間関係に対するケア・配慮（右下の象限）が求められるという点は，岡本のモデルからの重要な示唆だと考えられます。

(2)　成熟した人格の6つの規準

　最後に，人の人格的な成熟について語られる際によく引用される，オルポート（Allport, G. W.）の「成熟した人格の6つの規準」を紹介します（表

表5-3　成熟した人格の6つの規準

1. 広く拡大した自己意識を持つ
　　自己自身だけに向けられていた関心が，自分の外の家族・異性・仕事（それらが自分の一部となり）へと広がり，積極的に参加する。
2. 他者と温かい人間関係を持つことができる
　　家族や友人を自己中心的にではなく，あるがままの人間として受容・尊重する。相手に敬意を払い，温かい共感を示す。
3. 情緒的安定を持ち，自己を受容している
　　欲求不満に耐えそれを受容するとともに，適切冷静に処理し，安定した精神状態を保つ。
4. 現実をあるがままに知覚し，傾倒すべき課題と課題解決に必要な技能を持つ
　　正確で偏りのない現実認識ができる。また，問題を解決する技能を有しており，自分の仕事に没頭できる。経済的成熟。
5. 自己を客観的に理解でき，洞察とユーモアの能力がある
　　自分自身とは何かを客観的に知り，自己洞察している。ユーモアの感覚を持っている（自分を笑うことができる）。
6. 人生に統一（意味と方向）を与えるような人生哲学を持つ
　　人生をいかに生きてゆくかという目標を明確に持っている（生き方，哲学，価値観など）。

（Allport, 1961 を元に作成）

5-3)。この規準は実証的に構築されたものではありませんが，オルポートがさまざまな文献を元に理論的に整理した枠組みであり，人の成熟を捉える際の基盤となる論として，広く受け入れられているものです。

　現実の世界でこの6つの規準をすべて満たす人を見つけるのは実際には困難であり，オルポート自身もこの規準はあくまで理想的なものであると述べています。若い方の場合，現時点でもし1つでも「自分はこの点はある程度できている」と感じられるものがあるならば，自信を持ってよいと思います。「今後はこの点をもっと高めていきたい」と意識して日々研鑽していけば，少しずつでも目指す姿に近づいていくことができるでしょう。「人としての成熟とはどういうことか」について教えてくれるこのフレームは，今後のキャリアについて考えるうえでひとつの指針となるものです。

第Ⅲ部のまとめ
SUMMARY

■ 人が生まれてから成長し，やがて老いて死ぬまでの一連のプロセスのことを，「ライフサイクル」と呼びます。「少年期」→「成人期」→「中年期」→「老年期」と，4つの時期に大きく区分できますが，それぞれの段階の間には，「キャリアの危機」と呼ばれる移行期が存在します。この移行期には，自己の内外に大きな変化が生じますので（身体，役割，環境など），その時点までの人生を改めて振り返りつつ，自己のアイデンティティを構築／再構築していくことが必要になります。

■ 少年から成人への移行期である「青年期」には，精神的にも経済的にも親の影響から抜け出して，自立することが求められます。自立を成し遂げて成人となった後にも，人は発達を続け，成熟の度合いを深めていきます。「自立」や「人としての成熟」に向けて，何が求められるのかについて理解を深めることで，自分の中で目標が明確になり，長期的なキャリア形成にプラスの影響を与えます。

第Ⅲ部

第 IV 部　初期キャリアを考えるための前提の理解

───職業選択の基本的な考え方（マッチングアプローチ）───

　第IV部では，学生から社会人へと移行していく段階である初期キャリアにおいて，どのように心理学を活かしていけばよいかという観点から考えていきます。

　初期キャリアとは，スーパーが言う「探索期」に当たります。学校，余暇活動，アルバイトや仕事経験などを通じて試行錯誤しつつ，自分には何が向いているのかを探索する時期であり，どのような仕事・職業を選択するか，どのような会社・組織で働くことを選ぶかという意思決定が，重要なテーマになります。その際には，第II部の「キャリアに関するさまざまな理論」で取り上げた，「特性‐因子論のフレーム（マッチングアプローチ）」が有効な助けとなります。具体的にはパーソンズが示した3つのステップが，適切な職業選択を行う際の基本的な考え方のフレームを示してくれます。

　　ステップ1：自己理解
　　ステップ2：職業と環境の理解
　　ステップ3：上記のステップ1と2の関連についての適切な推論

　以下ではこのモデルに沿って，それぞれのステップでのポイントを見ていきましょう。

第6章 自己理解

1. 初期キャリア形成の出発点となる自己理解

　誰でも自分自身のことは自分でわかっているつもりでいますが，実はそれほど深くは理解していなかったり，誤った認識をしていたりすることがあるものです。自分の強み・弱みは何か，自分は何に興味・関心があるのか，自分にはどのような仕事が向いているのかなどについて，客観的に把握しておくことが，自分にとって納得できるキャリアを築いていくための出発点となります。

　シャイン（Schein, 1985）は，個人がどうしても犠牲にしたくないと考える自分自身の仕事生活における軸となるものを，「キャリア・アンカー」と名付け，その重要性を強調しています。キャリア・アンカーを把握するためには次の3つの問いに答えることが有効だと言われます。

　①自分は何が得意なのか：才能と能力
　②自分は何をしたいのか：動機と欲求
　③自分は何に意味や価値を感じるのか：態度と価値

　1点目の「自分は何が得意なのか」と問われると，まず自分が持つ知識やスキルを思い浮かべてしまいますが，まだ就業経験のない学生や，企業人としての初期段階のキャリアにおいては，自分が保有している知識・スキルを活かそうとする視点よりも，自分の持ち味である強み・弱みを活かすにはどのような仕事が向いているか，という視点で考えることがより重要になりま

す。

　２点目の「自分は何をしたいのか」と，３点目の「自分は何に意味や価値を感じるのか」という問いについては，その時々の環境によって「自分のやりたいこと」や「興味のあること」は少なからず変化していくように感じます。こうした変わりゆくものが「アンカー」になるのだろうかと疑問に思うかもしれませんが，心の表層ではなく，より深いところにある自分の欲求に目を向けるならば，自分本来の持ち味である性格や価値観が，今の「やりたいこと」につながっていることに気づくはずです。

　このように，シャインの３つの問いに答えていくことは，能力や性格や価値観を含む，広い意味での自分の適性に目を向け，自己理解を深めていこうとする際に有効です。

2． 適性とは何か

　では，初期キャリアを考えるにあたって重要とされる「適性」とは，どのようなものなのでしょうか。人は誰もが同じように仕事に熟達し，上手に遂行していくわけではなく，その人ごとに仕事に対する向き・不向きというものがあります。ある仕事では高い成果を挙げることができた人が，別の種類の仕事ではなかなか結果を出せずに苦労するということがあります。

　この個人ごとに異なる職業に対する向き／不向きを「適性」と呼び，個人がその職業で活躍するために必要な能力や資質を有している場合に，「適性がある」「適性が高い」という言い方をします。たとえば，「営業職の適性がある」という場合，営業職で成果を挙げるために必要な能力や性格特性を備えている，ということを示しています。

(1)　適性の定義

　適性の概念は，ワレン（Warren, 1938）により初めて心理学的に定義づけられたもので，今日では産業・組織心理学や企業における人的資源管理の分野において，非常によく用いられる概念となっています。ワレンの定義によ

れば，適性とは「言葉を話し，音楽を創作するなどの能力のように，ある種
の知識，技術または一般の反応を，訓練によって獲得しうる個人の能力の徴
候的なものとみなされる特性の状態，または組み合わせである」とされます。
少しわかりにくい表現ですが，適性とは，必要とされる能力や技能を現在す・・
・でに有しているかどうかではなく，今後一定の教育や訓練を受けたり経験を
積むことで，将来必要な能力や技能を身につけることができるかどうかの可・・
能性を，意味していることがわかります。

(2)　適性の意味内容の日米での違い

　適性という言葉が示す内容については，日本と米国で少し違いが見られま
す。日本で適性という場合には，能力，性格，興味・指向，価値観などを含
む全人格的な内容を表すことが多く，能力だけではなく，性格，興味・指向，
価値観などを含む総合的な概念として適性を位置づける，という考え方が主
流です。たとえば大沢（1989）は，適性を，「能力的適性」「性格的適性」「態
度的適性」の３つに区分するモデルを提示しています（表6-1）。これに対
して，米国で適性（aptitude）という場合には，主に能力的な側面を指すこ
とが一般的であり，性格，興味・指向，価値観などは含まれません。
　この背景には，企業組織における採用，配置，育成などの施策が「人」を
ベースにして行われる日本と，「職務」をベースにして行われる米国との，
人的資源管理に対する考え方の違いが反映されていると考えられます。もっ
とも，日本のような全人格的な適性の捉え方が米国に存在しないというわけ

表6-1　適応と適性の３側面モデル

①**職務適応** 　仕事で成果を挙げることができる　⇒能力的適性と関係が深い ②**組織適応（職場適応）** 　組織や職場になじむことができる　⇒性格的適性と関係が深い ③**自己適応** 　やりがいを感じることができる　⇒態度的適性と関係が深い

（大沢，1989 を元に作成）

図6-1 スーパーの職業適合性モデル（Super & Bohn, 1970／邦訳，1973を元に作成）

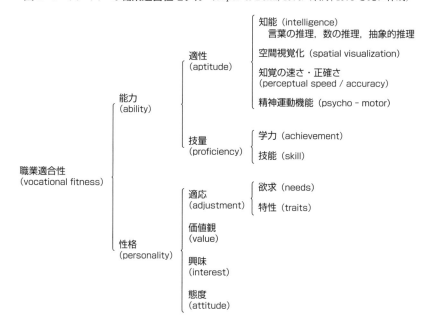

ではなく，一例を挙げると，スーパー（Super & Bohn, 1970）が提示した「職業適合性（vocational fitness）」という枠組みは，日本で使われる適性という言葉の意味内容に，非常に近いものだと言えます（図6-1）。

なお，スーパーは，「性格（パーソナリティ）」という言葉を，価値観や興味なども含めたより広い概念として使用しており，図6-1のモデル中で「適応」と表現されている「欲求」と「特性」が，狭義の性格的要素に対応します。

3. 適性の3つの側面

大沢やスーパーが提示しているように，適性は大きく「能力的側面」「性格的側面」「態度的側面」の3つで構成されます。なお，スーパーのモデル

では,「性格」の中に「性格的側面」と「態度的側面」の2つが含まれています。ここでは, 3つの側面それぞれの特徴について見ていきます。

(1) 能力的側面

能力的側面は,仕事で成果を挙げるうえで直接的に求められる要素であり,一般知的能力（general mental ability）,知識・スキル・専門的能力（KSA）,総合的な実践的能力としてのコンピテンシー,などによって構成されます。

「一般知的能力」とは, 新しい環境に対応するための知的適応力であり,仕事上で必要となる専門能力や知識・スキル, コンピテンシーを習得していくためのポテンシャルとして機能します。「KSA」とは, 職務遂行のために必要な知識, スキル, 専門能力の3つを表す総称であり, 英語のknowledge, skills, abilities の頭文字をとったものです。また,「コンピテンシー」とは, 成果を挙げるために必要な包括的な企業人能力のことで, 一般知的能力, 性格, 態度的要素, 知識, スキルなど, すべてが統合された行動特性です。仕事で高い業績を挙げている人が共通して持つ特性になります。

(2) 性格的側面

性格は, 時間や場面を越えて人の行動に一貫性をもたらしている短期間では変化しにくい安定した特性で, 遺伝的な要素と幼少期の生育環境によって形成されます。性格と仕事の関係は,「この仕事はこういう性格の人でないと遂行できない」というような固定的な関係ではありませんが, 仕事との適合を考えるうえで, 性格はひとつの重要な要素です。たとえば, 対人面で強い緊張やストレスが生じやすい仕事では, 性格面での適合が業績と高い関係性を示すケースがよく見られます。なお, 前掲のスーパーの分類（図6-1）では,「欲求」と「特性」が性格的要素に対応します。

(3) 態度的側面

職業興味・指向や価値観などの態度的要素は, 働くうえでの個人の満足度ややりがいと結びつきやすく, 組織への定着や職務満足との関わりが深い要

素です。スーパーの分類（図6-1）では，「価値観」「興味」「態度」が，態度的要素にあたります。

　「価値観」は，人が達成すべく追求する目的を表しています。態度的要素は全体に性格に比べると変化しやすいという特徴がありますが，「価値観」は，態度的要素の中では比較的安定した性質を持っています。「興味」は，ある対象を価値あるものとして主観的に選択しようとする心的傾向を，また「態度」は，ある対象に対する感情的傾向を表す概念です。

4．適性把握のためのさまざまなツール

　自己理解を深めたり，適性を把握したりするためには，さまざまな方法があります。自分のことをよく知っている周囲の人に聞いてみたり，自己分析用のワークシートを用いて過去の自分を振り返ってみたりするというのもひとつの方法ですが，心理学の知見に基づいて科学的に開発された心理検査や，アセスメントツールを用いれば，自分自身をより客観的に把握することができます。

　心理検査やアセスメントツールにはさまざまな種類のものがありますが，大きく分類すると「フォーマル・アセスメント（量的アセスメント）」と「インフォーマル・アセスメント（質的アセスメント）」の2つに分かれます。「フォーマル・アセスメント」とは，標準化された実施・採点の手続きを持ち，データ分析による実証的検証を経て開発された信頼性・妥当性の高い心理検査のことです。一方，「インフォーマル・アセスメント」とは，たとえばチェックリストや面接など，実施や採点の手続きが標準化されていないツールや測定法のことを指します。「フォーマル・アセスメント」と「インフォーマル・アセスメント」には，それぞれの長所と短所がありますので，目的や場面に応じて，適切なものを選択して使用していくことが求められます。表6-2にそれぞれの手法の特徴を示します。

　以下では，「フォーマル・アセスメント」と「インフォーマル・アセスメント」ごとにそれぞれの代表的な手法について見ていきましょう。

第Ⅳ部

表6-2　アセスメント手法の特徴の比較

観　点	フォーマル・アセスメント（量的アセスメント）	インフォーマル・アセスメント（質的アセスメント）
ツール（質問）の内容	固定	柔軟に変更できる
実施の手順	厳密に定められている	自由度が高い（変更できる）
結果の解釈	得点に基づく標準的な解釈の方法がある	本人やカウンセラーが柔軟に解釈できる
プロセスへの注目	注目しない	意味あるものとして積極的に利用
ベースとなる理論	あることが多い	ないことが多い
リファレンスデータ	充実している	体系立ったものはないことが多い
結果の信頼性・妥当性	データで検証されている	検証されていないことが多い

（1）　フォーマル・アセスメント（心理検査）

①能力検査

　能力検査は主に一般知的能力の測定に使用され，代表的な検査として，スタンフォード・ビネー尺度，ウェクスラー尺度，一般職業適性検査（GATB：厚生労働省編）があります。いずれも米国で開発されたものですが，スタンフォード・ビネー尺度とウェクスラー尺度は知的水準（IQ得点）を測るための検査であり，主に臨床や学習支援の目的で利用されています。これに対して一般職業適性検査は，能力面の個人差を客観的に把握するための職業適性検査として，アメリカの労働省により開発されたもので，日本でも企業における採用，配置を中心とした人事管理や職業指導，進路指導の場面で，広く使われてきた実績があります。

　なお，職務で成果を挙げるための実践的能力である「コンピテンシー」については，総合的な能力であるがゆえに検査による測定が難しいという性質

があります。「コンピテンシー」の測定を目指してさまざまな研究や工夫が行われていますが，今のところ面接や行動評定といった手法を用いて把握するのが主流となっています。

②性格検査

性格を捉えるための心理アセスメントには多種多様なものがあります。それぞれの性格検査は，背景に何らかの理論や心理学的な前提が置かれて開発されていることが一般的です。ここでは代表的なものとして，エゴグラムと性格特性主要5因子（ビッグ・ファイブ）を紹介します。

【エゴグラム】

1つ目は，バーン（Berne, 1961）の人格理論に基づく交流分析のための，自我の構造分析ツールとして作成された「エゴグラム」です。精神科医であったバーンは，人の心が「親」「成人」「子ども」の3つの自我状態からできていることを見出しました。「親」の自我状態には「支配的親（CP）」と「養育的親（NP）」の2つが，また「子ども」の自我状態には「適応した子ども（AC）」と「自由な子ども（FC）」の2つがあり，この4つに「成人（A）」を加えた5つの尺度の得点の波形を用いて性格を把握します（表6-3）。「東大式エゴグラム」（TEG：東京大学医学部心療内科，1995）をはじめとして複数の質問紙検査が提供されており，自分自身や他者の行動・性格についての理解を深めるために用いられます。

【性格特性主要5因子（ビッグ・ファイブ）】

もう1つは，性格特性主要5因子（ビッグ・ファイブ）です（表6-4）。この枠組みは，1980年代以降に行われたさまざまな研究の結果に基づいて提示されたもので，「外向性」「神経症的傾向（情緒不安定性）」「開放性」「誠実性（勤勉性）」「調和性」という，共通した5次元で人の基本的な性格特性を記述できるとする考え方です。今日ではこの説が広く受け入れられており，産業・組織心理学領域においてほぼ共通の見解となっています。ビッグ・ファイブを測定する検査は，複数の研究者によりさまざまなものが開発されていますが，和田（1996）が開発した研究用の尺度（主要5因子性格特性測定尺

表6-3　エゴグラムの5尺度と特徴

		CP	NP	A	FC	AC
得点が高い場合	マイナス面	・タテマエにこだわる ・中途半端を許さない ・批判的である ・自分の価値観を絶対と思う	・過度に保護,干渉する ・相手の自主性を損なう ・相手を甘やかす	・機械的である ・打算的である ・冷徹である	・自己中心的である ・動物的である ・感情的である ・言いたい放題である	・遠慮がちである ・依存心が強い ・我慢してしまう ・おどおどしている ・うらみがましい
得点が高い場合	プラス面	・理想を追求する ・良心に従う ・ルールを守る ・スジを通す ・義務感,責任感が強い努力家	・相手に共感,同情する ・世話好き ・相手を受け入れる ・奉仕精神が豊か ・弱い者をかばう	・理性的である ・合理性を尊ぶ ・沈着冷静である ・事実に従う ・客観的に判断する	・天真らんまんである ・好奇心が強い ・直感力がある ・活発である ・創造性に富む	・協調性に富む ・妥協性が強い ・イイ子である ・従順である ・慎重である
得点が低い場合	プラス面	・おっとりしている ・融通性がある ・ワクにとらわれない ・柔軟さがある ・のんびりしている	・さっぱりしている ・淡白である ・周囲に干渉しない	・人間味がある ・お人好し ・純朴である	・おとなしい ・感情に溺れない	・自分のペースを守る ・自主性に富む ・積極的である
得点が低い場合	マイナス面	・いいかげんである ・けじめに欠ける ・批判力に欠ける ・規律を守らない	・相手に共感,同情しない ・人のことに気を配らない ・温かみがない	・現実無視 ・計画性がない ・考えがまとまらない ・論理性に欠ける ・判断力に欠ける	・おもしろ味がない ・暗い印象を与える ・無表情 ・喜怒哀楽を素直に出さない	・相手の言うことを聞かない ・一方的である ・近寄り難い印象を与える

(東京大学医学部心療内科, 1995)

表6-4　性格特性主要5因子（ビッグ・ファイブ）

外向性（extraversion） ・社交的で外界に積極的に働きかけていく性格 ・社交的，積極的，人づき合いがよい，話好き，表現豊か，快活などの特徴が顕著 ・内向的（introversion）の反対概念
神経症的傾向（neuroticism） ・神経質で，落ち着きのない性格 ・心配性，くよくよする，落ち込みやすい，感情的，怒りっぽい，不安定などの特徴が顕著 ・情緒安定性（emotional stability）が反対概念
開放性（openness to experience） ・知的なことを好み，新しいものに積極的に関わっていく性格 ・教養のある，芸術的，創造的，好奇心の強い，新しいもの好き，開放的などの特徴が顕著
誠実性（conscientiousness） ・勤勉さや熱心さなどの意欲面を含みに入れた，まじめで実直，誠実な人柄や性格 ・この性格をもつ人は，頼りになる，責任感の強い，完全主義，注意深い，勤勉，我慢強いなどの特徴が顕著
調和性（agreeableness） ・利他的で慈愛に満ち，他者に思いやりのある人間的な人柄や性格 ・礼儀正しい，柔軟，信用できる，優しい，協調性のある，寛大などの特徴が顕著

（高橋，2010）

第Ⅳ部

度）はその一例です。

③興味・指向検査
【VPI】

　興味・指向検査の代表的なものとしては，第Ⅱ部でも紹介したホランドの理論（表6-5参照）に基づいて開発された心理アセスメントである「VPI職業興味検査（Vocational Preference Inventory）」があります。VPIは，大学生などに対する進路指導や就職ガイダンスのツールとして，職業との関わりにおいて自己理解を深め，職業の探索や職業選択を促進する目的で使用されています。検査項目として160の具体的な職業を提示し，興味・関心の有

表6-5　ホランドの6角形モデル

タイプ	特徴（関心が高い仕事や活動）	関連する職業領域
①現実的（Realistic）	機械や物を対象とする具体的で実際的な仕事や活動	技術，技能，機械・装置運転
②研究的（Investigative）	研究や調査などのような研究的・探索的な仕事や活動	研究，情報処理，医学
③芸術的（Artistic）	音楽，美術，文芸など芸術的領域の仕事や活動	美術，工芸，文芸，音楽，出版
④社会的（Social）	人に接したり，奉仕したり，教えたりする仕事や活動	社会奉仕，販売，教育
⑤企業的（Enterprising）	企画や組織運営，経営などの仕事や活動	経営，営業，広報宣伝
⑥慣習的（Conventional）	データの具体的で体系的な操作を必要とする仕事や活動	経理，法務，事務

※表3-1を再掲しています。

（Holland, 1985；益田，2011を一部改変）

無について回答を求める形式で，職業興味領域に対する個人の興味・関心の強さと心理的傾向を把握する検査です。また，日本で利用できるホランド理論による検査としては，この他に「職業レディネス・テスト（VRT）」「SDSキャリア自己診断テスト」などさまざまなツールがあります。

(2)　インフォーマル・アセスメント

　インフォーマル・アセスメントの代表的な手法に，「チェックリスト」や「カードソート」があります。また，企業が採用選考の際に用いる「面接」も，広い意味ではインフォーマル・アセスメントの一種ということができます。

　「チェックリスト」は，一覧になったキーワードや概念のリストの中から，自分に当てはまるものを選択するという手法です。また，「カードソート」は，用意された多数のカードの中から自分に当てはまるカードを選んでいく手法であり，自分が大事にしたい事柄や価値観を明らかにする目的で使用されます。カードソートの具体例として「VRTカード」（労働政策研究・研修機構）

があり，ホランドのRIASEC（6角形モデル）の枠組み（表6-5）を用いて
職業興味を把握することができるツールとなっています。

　チェックリストやカードソートなどのインフォーマル・アセスメントは，
フォーマル・アセスメントと比較すると測定精度や信頼性は高くありません
が，簡便に実施できる手法であり，結果が直感的に理解しやすいというメリッ
トがあります。また，回答の過程で本人の内省が自然に生じやすいという利
点があり，回答者にとっての気づきの機会となることが多いものです。

　適性を客観的に把握したいという目的の場合には，信頼性・妥当性の高い
フォーマル・アセスメントが用いられますが，たとえば進路指導やキャリア
ガイダンスなどの場では，実施が簡便で結果がわかりやすく，また回答のプ
ロセスにおいて本人の気づきや内省が生じやすいインフォーマル・アセスメ
ントが用いられるケースも多いです。それぞれのアセスメント手法の長所と
短所を理解したうえで，目的や場面に応じて適切なものを使用していくこと
が大切です。

第
Ⅳ
部

第7章 仕事と組織の理解

1. 心理学の活かし方による仕事の区分

世の中にはさまざまな仕事・職業があります。以下では，心理学の活かし方という観点から，①心理学を直接的に活かす仕事と，②心理学を間接的に活かす仕事とに分けて説明します。

(1) 心理学を直接的に活かす仕事

まず，心理学を直接的に活かす仕事にはどのようなものがあるかについて取り上げます。皆さんがすぐに思い浮かべる職業として，カウンセラーがあると思いますが，それ以外にも心理学の知識や知見の活用が求められる仕事にはさまざまなものがあります。たとえば家庭裁判所調査官，心理職の公務員，ハローワークの相談員などが挙げられます。心理学を直接的に活かせる領域としては，大きく括ると以下の5つがあります。

①教育領域（スクールカウンセラーなど）

近年，公立学校にもスクールカウンセラーが配置されるようになり，心理学を活かす活躍の場として代表的な領域のひとつです。生徒と保護者，教職員を対象に，不登校やいじめをはじめとする学校生活で生じるさまざまな問題に，「心理の専門職」という立場で関わります。スクールアドバイザーはスクールカウンセラーと同じく，教育機関において心理相談業務に従事する仕事ですが，スクールカウンセラーの管轄が文部科学省であるのに対し，スクールアドバイザーの管轄は各地方自治体・教育委員会になります。

【主な勤務先】

- 公立学校，私立学校
- 教育センター

②医療・保健・福祉領域（病院，保健所，児童相談所など）

　病院では，心理専門職は心療内科や精神科に所属することが多いのですが，別部門の心理室や医療相談室などに勤務することもあります。また，児童相談所では児童心理司として，子どもにとってより良い生活の実現に向けた支援活動を行っています。医療・保健・福祉領域では一般に，公認心理師や臨床心理士資格等の保有が重視されることが多く，高度な専門性を求められるケースが多い仕事領域だと言えます。

　また，心理学の近接領域の職業になりますが，福祉系大学を卒業するか，大学卒業後の実務経験を経て精神保健福祉士の資格を取って病院に勤めたり，保健所で精神保健福祉相談員という公務員として，精神障害者やその家族の心の支援を行うという仕事もあります。

【主な勤務先】

- 総合病院，医院，クリニック
- 児童相談所
- 保健所，精神保健福祉センター

③産業領域（企業内相談室，ハローワークなど）

　企業内の相談室や健康管理室などに勤務し，従業員からの職場や人間関係についての相談を受けたり，研修会やメンタルヘルスチェックの実施もします。公的機関の場合には，面接などを通して就職や転職の支援を行ったりすることもあります。また，ハローワークの相談員として，求職者を対象にした職業相談，新規求人の開拓，カウンセリング等を行う仕事があります。

【主な勤務先】

- 一般企業の人事，労務部門（メンタルヘルスを担当する部署や相談室）
- メンタルヘルス関連の支援やサービスを提供する専門機関

第Ⅳ部

- 公共職業安定所（ハローワーク）の相談員

④司法・警察・矯正領域（家庭裁判所，少年鑑別所など）

　多くの場合，公務員として専門職試験を受けて採用されます。家庭裁判所調査官は，少年事件を起こした少年について心理状態を調べて報告書を作成したり，離婚などの家事事件での調査を担当したりします。警察の心理職員の場合は，各種の心理検査の開発と運用，メンタルヘルス問題への対処，犯罪被害者に対する支援などを行います。少年鑑別所や刑事施設の矯正心理専門職は，受刑者や非行のあった少年が犯罪を行った背景や原因を分析し，更生に向けたプログラムを提案します。

【主な勤務先】
- 家庭裁判所調査官
- 少年鑑別所，少年院，刑務所の法務技官，法務教官（矯正心理専門職）
- 保護観察所の保護観察官
- 警視庁，道府県警察本部の心理職員

⑤大学・研究機関領域（教員，研究員，相談室カウンセラーなど）

　心理学の研究活動や，後進の育成に取り組んだりする教員，心理学の研究を行う研究員，あるいは大学の学生や教職員を対象にした相談員として働く人がいます。

【主な勤務先】
- 大学，大学院
- 研究機関
- 大学・専門学校などの学生相談室

　一般に，これらの心理学を直接的に活かす領域で働くためには，公認心理師や臨床心理士等の資格取得が求められたり，専門的な知識が問われる試験への合格が必要であるなど，心理学やその関連領域の学問に関する知識と専門性が高いレベルで求められます。また，一般企業への就職と比較すると，

採用人数がそれほど多くない仕事もあるため，これらの領域で働くためには，「狭き門」を突破するための事前準備や学習が必要となることを理解しておく必要があります。

(2)　心理学を間接的に活かす仕事（一般企業における仕事）

前項で心理学を直接的に活かす仕事・職業を紹介しましたが，公認心理師や臨床心理士などの資格取得が求められたり，専門試験に合格したりしなければならない仕事が多く，「自分には少し難しそうだ」と感じた方もいるかもしれません。また，「心理学を直接的に活かせるのは良いけれども，仕事が専門的になりすぎて活躍のフィールドがやや狭い」という印象を持った方もいることと思います。

これらの専門的な仕事に比べると，心理学の活かし方はやや間接的になりますが，一般企業に入社して働く場合にも，もちろん心理学をキャリア形成のために役立てることができます。心理学は人の心や行動を扱う実践的な学問であり，また統計学を含め，さまざまな科学的なアプローチを駆使して人間の内的メカニズムなどを探っていく学問ですので，一般企業の中でも営業，販売，人事，商品企画，マーケティング，システム関連などさまざまな仕事で，心理学を通して学んだ知識や考え方を幅広く活かしていくことができます。人と関わらない仕事というのは世の中にほとんどありませんので，心理学によって培った人間を見る目や人間に関する理解力は，仕事の場でのコミュニケーションや信頼関係の構築に必ず役立ちます。

また，統計学をベースにした科学的で客観的な思考方法は，マーケティングや企画関係の業務を遂行する際に，非常に有効な手段や助けとなります。さらに将来，組織においてリーダー的な役割を担う際には，心理学で学んだ理論をメンバーのマネジメントや動機づけのために応用できますし，企業において昨今大きな問題になっているメンタルヘルスの問題に対処する際にも，ストレス・マネジメントに関する心理学の知見を活かすことができます。

第Ⅳ部

2.一般的な仕事 / 職種の区分

　一般企業の組織の中で働く場合には，多くの種類の仕事があります。まず，世の中に一般的にどのような仕事があるのかについて見てみましょう。図7-1 は，企業組織に存在する代表的な職種を整理したものです。職種は大きく分けると３つのグループに分類されます。

(1)　製品・サービスを販売する仕事

　１つ目のグループは「製品・サービスを販売する仕事」で，営業・販売・サービスやマーケティング・営業企画という職種が含まれます。企業は製品やサービスを顧客に販売することによって利益を確保することができ，それによって経営が成り立つという存在ですので，企業組織の生命線とも言える役割を担う仕事です。

図 7-1　企業組織における代表的な職種の分類

	職　種	役　割
製品・サービスを販売する	営業・販売・サービス	商品の販売，サービスの提供
	マーケティング・営業企画	販売計画の立案，販売促進
組織を円滑に運営する	経営企画・事業企画・事業開発	事業計画の立案
	総務・法務・広報	全般的な業務支援，社外への情報発信
	人事・労務	人事管理，労務管理
	財務・経理	資金調達，お金の管理，投資運用
製品・サービスを作る	購買・物流	資材の調達，在庫管理，輸送
	生産	製造
	研究開発・技術・設計	研究開発・技術
	システム開発・企画・管理	システムの開発・運用

【営業 / 販売 / サービス】

- 顧客と直接の接点持ち，企業業績を担う。
- 企業や法人顧客を販売対象とする / 個人顧客を販売対象とする，新規顧客を開拓する / 既存顧客を深耕するという区分がある。

【マーケティング / 営業企画】

- 市場調査やデータ分析に基づき，商品の販促・開発に活かす業務。
- 現場での営業販売経験が求められることが多い。

(2)　組織を円滑に運営する仕事

　2つ目のグループは「組織を円滑に運営する仕事」で，経営企画・事業企画・事業開発，総務・法務・広報，人事・労務，財務・経理という職種が含まれます。企業全体の事業活動が円滑に機能するように，バックグラウンドで組織を支える仕事です。

【経営企画 / 事業企画 / 事業開発】

- 経営や事業運営の意思決定をサポートする業務（データ分析を行うことも多い）。
- 現場での実務経験が求められることが多い。

【総務 / 法務 / 広報】

- 社内業務の運営サポートに関する業務（総務）。
- 法律関係の事務や管理に関する業務（法務）。
- 企業の広報宣伝活動の企画と運営に関する業務（広報）。

【人事 / 労務】

- 採用，教育，制度設計・運用，労務管理（メンタルヘルスを含む），福利厚生など人に関わる業務。
- 仕事内容が多岐にわたる。

【経理 / 財務】

- お金に関連する仕事。
- 出納管理，原価計算，給与支払いなどに関わる業務（経理）。
- 借り入れや株式増資，社債発行の手配などに関わる業務（財務）。

第IV部

(3)　製品・サービスを作る仕事

　3つ目のグループは「製品・サービスを作る仕事」で，購買・物流，生産，研究開発・技術・設計，システム開発・企画・管理という職種が含まれます。市場競争力のある良い製品・サービスを作らなければ企業は潰れてしまいますので，企業の存続・発展の鍵を握る仕事です。

【購買 / 物流】
- 原料や資材，設備の購入に関わる業務（購買）。
- 原材料や完成品など，物の移動に関する工程を管理する業務（物流）。

【生産】
- 製品の生産を行う業務。
- 製造機械の稼働状況をモニタリングし，安定供給する業務。

【研究開発 / 技術 / 設計】
- 基礎研究，応用研究を行い，製品開発につなげる業務（研究開発）。
- 製品の実用化・流通に向けた設計・調整を行う業務（技術 / 設計）。

【システム開発 / 企画 / 管理】
- 最適なコンピュータシステムを構築し，維持管理する業務。
- 技術の進歩が激しい。
- 社会の IT/ デジタル化の流れの中で，重要性が増している。

　図 7-2 は，企業の一般的な組織構造と職種を示したものです。「製品・サービスを販売する仕事」と「製品・サービスを作る仕事」は，事業の遂行に直接的に関わる仕事であり，「ライン」または利益を生み出すという意味で「プロフィット部門」と呼ばれます。一方，「組織を円滑に運営する仕事」は，事業の遂行を担うラインに対し補佐的な役目であり，「スタッフ」または「ノンプロフィット部門」と呼ばれます。

　働く人の数でいうと，商品を直接的に製造したり，顧客に対して営業・販売を行う「ライン」部門は人数が多く，一方，商品の企画や，市場調査，計数管理，人事，法務，総務などライン業務に対して補佐や助言を行う「スタッフ」部門は，人数が少ないのが一般的です。

図 7-2　一般的な組織構造と職種

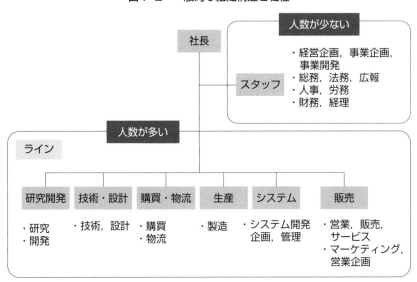

　近頃，「企画やマーケティングの仕事がしたい」という希望を持つ人が，増えている印象があります。たしかに，企画やマーケティングでは市場調査を行うなど，データを扱うことが多く，統計など心理学の知識を活かしやすい仕事のひとつです。しかし，企業において新卒で入社した人が，すぐに「スタッフ」の仕事に配属されるケースは少ない，ということは理解しておく必要があります。

　理由は2つあり，1つは上記のように「スタッフ」は「ライン」に比べて担当する人数が少ないためであり，もう1つは，顧客に近い部門であるラインを一度経験したうえでないと，現場感覚を身に付けることができず，ラインを支援する仕事を効果的に遂行するのが難しいためです。一般的には，営業や顧客接点を担う部門の中で成果を挙げ，実績を積んだ人が企画やマーケティングの部署に異動するというケースが多いです。このことは，企画職やマーケティング職に限らず，人事，総務，労務，広報など，他の「スタッフ」の仕事においても同様です。

第Ⅳ部

3.　企業 / 組織の区分

　前節では仕事の分類について取り上げてきましたが，企業や組織を捉える際にも，さまざまな切り口や視点があります。ここでは代表的な区分である業種による分類と組織風土による分類の，2つを見ていきます。

(1)　業種による分類

　表 7-1 は，日本経済新聞社が用いている区分を参考にして作成した，世の中に存在する一般的な業種の分類表になります。業種は大きく区分すると製品やものを作る「製造業」と，形のないサービスを提供する「非製造業（サービス業）」に大別できますが，製造業と非製造業（サービス業）もさらに細かく見ると，それぞれさまざまな種類の業種に分かれています。

　職業選択の際にどのように就職先の企業を選択すればよいかは非常に難しい問題ですが，世間で人気の高い企業や，成長している業界を選ぶことが，必ずしも正解であるとは言えません。毎年マスコミ各社が学生を対象に，就職人気企業ランキングといった調査を行っていますが，十年単位で過去のランキングの推移を見てみると，人気企業と呼ばれる会社の顔ぶれが時代によって大きく変化していることがわかります。

　表 7-2 を見ると，たとえば 1990 年には，文科系学生の上位 10 位に 3 社が入っているメガバンクは，30 年後の 2020 年では，1 社もランキングしていません。代わって 2020 年では，オリエンタルランド，ニトリ，ソニーミュージックグループなど，新しい顔ぶれの企業が上位に顔を出しています。

　よく「企業 30 年説」と言われますが，どのような企業であっても永遠に発展し続けるということはできません。現時点では伸び盛りの企業であっても，30 年後には衰退産業になってしまうことがあるのです。だからこそ，自分の判断軸をもって，その時々に最善と思える選択をしていくことが大事になります。

表7-1　一般的な業種分類

区　分	業種（大分類）	業種（小分類）
製造業	資源・エネルギー	鉱業・エネルギー開発・供給
	素材	紡績・繊維，製紙・紙製品，化学，ゴム，窯業，製鉄，金属
	機械・エレクトロニクス	機械，プラント，情報機器，家電，電子部品，半導体
	輸送機器	自動車，自動車部品，造船，輸送用機器
	食品	食品製造，飲料，たばこ，嗜好品
	生活	衣料品・服飾品，日用品・生活用品
	バイオ・医薬品	バイオ・医薬品関連
	建設・不動産	建設・土木，建設資材・設備，不動産開発
非製造業（サービス業）	商社・卸売	総合商社，専門商社
	小売	総合小売，各種小売，通信販売
	外食・飲食サービス	飲食店，弁当・デリバリー
	金融	銀行，証券，保険，消費者金融，リース・レンタル，投資
	物流・運輸	倉庫・物流，陸運，海運，空運
	情報・通信・広告	マスメディア，通信・通信インフラ，広告，コンテンツ制作，インターネットサイト運営，システム・ソフトウェア
	サービス	レジャー，生活関連サービス，教育，人材紹介，企業向け専門サービス

※「建設・不動産」は，非製造業（サービス業）に分類されることがあります。

第Ⅳ部

(2)　組織風土による分類

　次に，組織風土を用いた分類を紹介します。同じ業種で同じような商品やサービスを提供している企業であっても，会社ごとに経営戦略や顧客対応の仕方は異なるものです。企業というのはその組織を構成する従業員の集合ですから，働く人たち全体の意思や考え方が，その組織の個性や特徴を定めるという面があります。これが企業の組織風土の違いを生み出しています。

表 7-2　人気企業の比較

1991 年卒（1990 年調査）

文系総合		理系総合	
順位	企業名	順位	企業名
1	全日本空輸（ANA）	1	日本電気
2	三井物産	2	ソニー
3	伊藤忠商事	3	富士通
4	三菱銀行	4	日本電信電話
5	日本航空（JAL）	5	日本アイ・ビー・エム
6	住友銀行	6	松下電器産業
7	東海旅客鉄道	7	日立製作所
8	富士銀行	8	日産自動車
9	日本電信電話	9	本田技研工業
10	東京海上火災保険	10	トヨタ自動車

2021 年卒（2020 年調査）

文系総合		理系総合	
順位	企業名	順位	企業名
1	JTB グループ	1	ソニー
2	全日本空輸（ANA）	2	味の素
3	東京海上日動火災保険	3	富士通
4	日本航空（JAL）	4	サントリーグループ
5	オリエンタルランド	5	トヨタ自動車
6	伊藤忠商事	6	NTT データ
7	ソニー	7	カゴメ
8	味の素	8	資生堂
9	ニトリ	9	明治グループ（明治・Meiji Seika ファルマ）
10	ソニーミュージックグループ	10	日立製作所

（マイナビ就職企業人気ランキング 1990 年，2020 年調査）

　組織風土とは，その組織の総体としての従業員の考え方や行動を表すもの
で，「仕事環境で生活し，活動している人が，直接的にあるいは間接的に認
知し，メンバーのモチベーションや行動に影響を及ぼすと考えられる一連の
仕事環境の，測定可能な特性」（Litwin & Stringer, 1968）と定義されます。

　個人と組織風土・文化との適合（Person-Organization Fit：以下 P-OFit）は，
さまざまな面でポジティブな効果をもたらすと言われています。関本と三沢
（1997）は，個人の性格を気質類型によって3タイプに分け，各タイプによっ
てフィットしやすい組織風土があること，また組織風土のフィットと定着意
識との間に，有意な関係があることを明らかにしています。また，P-OFit
が組織コミットメントに有意な正の影響を与え，転職意向に有意な負の影響
をもたらすことが，竹内（2009）の研究で示されています。

　では，組織風土はどのように分類されるでしょうか。これまでに，企業の
組織風土や組織文化の全体的な性格を，普遍的な軸や尺度，タイプ分類を用
いて把握しようとする試みが，さまざまな研究者によって行われています。

　ハンディ（Handy, 1978）は「目標の達成と組織の存続」と「限定と無限定」
の2軸，またディールとケネディ（Deal & Kennedy, 1982）は「リスクの
大小」と「成果実現の速度」の2軸を用いて，それぞれ組織風土を4分類し
ています。他方，ホステッド（Hofstede, 2011）は，「権力格差」「不確実性
の回避」「個人主義 / 集団主義」「男性性 / 女性性」「長期 / 短期志向」「寛大
/ 抑制」の6軸を用いた分類を提案しています。また，リトヴィンとストリ
ンガー（Litwin & Stringer, 1968）は，マクレランド（McClelland, 1961）
の個人の動機を捉えるための枠組みを援用して，組織風土を「達成志向型」「支
配志向型」「親和志向型」の3タイプに区分しています。

　日本でも，梅澤（2003）が企業文化を4分類する考え方を提示しています。
これは，「積極的に新しい可能性を追求する（機会開発）−安定的に業務を
処理する（課業遂行）」と，「メンバーの能力や発想を活用する（有機的）−
手続きに従いシステマティックに遂行する（機械的）」という，2軸を用い
て構成される4象限によって，企業の組織文化・風土を類型的に捉えるもの
です（図7-3）。4つの類型に当てはめるというのは少し粗い印象を受けるか

図7-3　企業文化の4分類（梅澤，2003を元に作成）

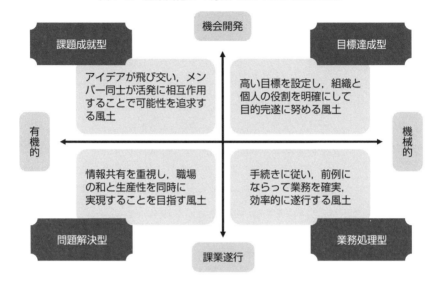

もしれませんが，軸を用いたシンプルな分類によって企業の組織風土を捉えるのは，わかりやすいですし，自分に合う風土について考える際にも役立つものです。

　では，実際に企業各社の組織風土を把握するにはどうすればよいでしょうか。さまざまな方法がありますが，研究を実施する際によく用いられる代表的な方法として，従業員を対象にサーベイ（調査）を実施する，というやり方があります。ただし，実施の手続きが大掛かりになるという難点があるため，通常簡単にはこの手法は導入できません。

　そこで，考えられるもっと簡便な方法として，各社が定めている経営理念や行動規範，社内で行われている儀礼や表彰，組織の中で尊敬されているシンボリック・パーソン（創業者など）の行動や思想などに注目することで，その企業の組織風土がどのようなものであるかを推測するという方法があります（表7-3）。

　また，最近ではインターネット上で，企業の従業員を対象にしたインタ

表7-3　組織風土が反映されやすい一般的文化項目

一般的文化項目	企業における具体例
経営理念 （表明された企業価値）	社是・社訓，経営綱領，経営原則，企業哲学，経営理念
組織規範，職場規範 （企業の中の社会規範）	就業規則，労使協約，倫理規程，社員行動基準，人事考課基準，権限規程，目標記述書，べからず集
儀礼，儀式	入社式，新年互礼会，永年勤続表彰
視聴覚項目	社旗，社章，社歌，モニュメント，ロゴ・マーク
コミュニケーション・メディア	社史，社内報，広報誌，入社案内，企業概要，創業物語
シンボリック・パーソン	創業者，中興の祖，業績功労者，商品ヒットメーカー，技術開発者

（梅澤，2003 を元に作成）

ビュー記事や，企業の組織風土に関するコメントなどの記述を閲覧することができますので，それらの情報をひとつの参考材料として利用することも可能です。もちろん，インターネット上の情報はその内容が真実であるという保証はありませんので，信頼しすぎるのは避けるべきです。

　企業の組織風土をできるだけ正確に把握したいという場合には，少し労力はかかりますが，学校の先輩や知人のつてをたどるなどの方法で，実際にその会社で働いている従業員に直接会って話を聞く機会を持ち，より具体性の高い裏付けとなる情報を獲得することが推奨されます。

第IV部

第**8**章 自己と仕事・組織のマッチング

1. 自己と仕事・組織のマッチングの考え方

　第6章では自己の適性を理解するための考え方について，第7章では仕事や組織がどういう形で分類されるか，またそのそれぞれの特徴について見てきました。ここでは，自己理解と仕事・組織の理解をベースにして，両者をどのように結びつけて考えるか，自分に合う仕事や自分に合う組織をどのようにして理解すればよいか，その考え方を取り上げます。

(1) 自分に合う仕事についての考え方

　自分に合う仕事がどのようなものかを考えるときには，自分が持つ能力，性格，指向・価値観の特徴がうまく活かせるような仕事を選ぶのが基本になります。しかし，学生や若手の企業人の場合には，自分が保有している職務遂行のための能力（コンピテンシー）のレベルを，客観的に捉えるのは難しい面があります。また，コンピテンシーやスキルは仕事経験を積むことで伸ばしていける余地も大きいため，初期キャリアにおいて自分に合う仕事を把握する際には，性格や指向・価値観を重視して考えることが有効です。

　ただし，中期以降のキャリアにおいて職務経験を積んだ後に転職するといった場面では，自己がどのような能力・スキルを持っているか，どのような仕事を遂行する力を有しているかという能力的側面を考慮して，仕事とのマッチングを行うことがより重要になります。

　性格や指向・価値観と職務の対応関係については，これまでに複数の研究者が，性格や指向・価値観を活かしやすい職業・職種の一般的な対応を提示

しています。性格や指向・価値観を捉えるフレームにはさまざまなものがありますが，ここでは3つの例を紹介します。

①ホランドの6角形モデル

1つ目は，ホランドの職業興味に基づく6角形モデルとの対応です（Holland, 1985：表8-1）。これを見ると，たとえば「研究的（I）」タイプの人は，研究や調査など，研究的・探索的な仕事に惹かれやすく，研究，情報処理，医学などの職業領域に適合しやすいことがわかります。また「社会的（S）」タイプの人は，人と接したり，人に対して働きかけや支援を行う仕事に惹かれやすく，社会奉仕，販売，教育などの職業領域に適合しやすい，という対応関係があることがわかります。

②シャインのキャリア・アンカー

2つ目は，シャインの「キャリア・アンカー」との対応です（表8-2）。キャ

表8-1　ホランドの6角形モデル

タイプ	特徴（関心が高い仕事や活動）	関連する職業領域
①現実的（Realistic）	機械や物を対象とする具体的で実際的な仕事や活動	技術，技能，機械・装置運転
②研究的（Investigative）	研究や調査などのような研究的・探索的な仕事や活動	研究，情報処理，医学
③芸術的（Artistic）	音楽，美術，文芸など芸術的領域の仕事や活動	美術，工芸，文芸，音楽，出版
④社会的（Social）	人に接したり，奉仕したり，教えたりする仕事や活動	社会奉仕，販売，教育
⑤企業的（Enterprising）	企画や組織運営，経営などの仕事や活動	経営，営業，広報宣伝
⑥慣習的（Conventional）	データの具体的で体系的な操作を必要とする仕事や活動	経理，法務，事務

※表3-1を再掲しています。

（Holland, 1985；益田, 2011を一部改変）

第Ⅳ部

表8-2　シャインのキャリア・アンカー

キャリア・アンカー	傾　向	職業・職種例
技術・専門性	仕事に没頭し，専門性を追求することに価値を見出す。	研究技術者，専門職
経営・組織管理	経営上の課題を効率よく解決したり，昇進し，重い責任をまっとうすることに価値を見出す。	社長，経営管理職
自律・独立	マイペースで仕事ができることや，キャリア選択に制約が少ないことに価値を見出す。	中小企業経営者，店長
保障・安定	雇用や身分が保障されているなど，キャリアの安定に価値を見出す。	公務員，教員
起業・創造性	商品，サービスや事業などの開発を好むなど，革新的な活動に価値を見出す。	企業家，企画担当者，芸術家
奉仕・社会貢献	自分が社会の発展や周囲の役に立っていると実感できることに価値を見出す。	医者，弁護士，牧師
純粋な挑戦	不可能を可能にしてみせるなど，困難な仕事を克服することに価値を見出す。	経営コンサルタント，戦士
生活全体のバランス	趣味を楽しむことや家族の要望を大切にし，キャリア全体のバランスをとることに価値を見出す。	ビジネスパーソン，フリーター

(Shein, 1990：松山 , 2009 を元に作成)

リア・アンカーとは，個人が何に対して価値を感じるかという，キャリアにおける自己概念を類型化したものであり，それぞれのタイプごとに代表的な職業・職種が例示されています。キャリア・アンカーは実際に仕事に就き，職務を遂行していく経験の中で，35 歳頃までに次第に明確になると言われます。

　仕事との対応は，「このキャリア・アンカーであればこの仕事」というようにあまり固定的に考えるべきではなく，自己のキャリア・アンカーを理解し，仕事においてそれを活かすように働くことで，人はどのような仕事でも活躍できるとシャインは述べています。

③岡村の能力・性格と職業との関係

　3つ目は，岡村による能力・性格と職業との関係です（表8-3）。これは，岡村が企業の管理者を対象にした調査に基づき統計的手法を用いて作成したもので，一般知的能力の8つの下位要素，専門能力およびクレッチマー（Kretschmer, 1955）の類型に基づく性格の3要素と，さまざまな職業との間の関係性が整理されています。性格面に注目すると，受付・営業・接客・幼稚園教員など人との関わりが求められる職業は「循環気質（社交的で温厚)」，プログラマーや研究者など分析や物事の深い洞察が求められる職業は「分離気質（控えめで繊細)」，経理・銀行・生産現場技術者など注意力や几帳面さが求められる仕事は「粘着気質（真面目で秩序を好む)」と関連づけられることがわかります。

④留意するべきポイント

　自分に合う仕事について考える際に，留意しておくべきポイントがあります。それは，ここで紹介したような性格や指向・価値観と，向いている職業・職種との対応づけは，あくまで一般的なもの，確率統計的なものだということです。自分のやりたい仕事や興味のある仕事が，適性の観点から見て一般的には自分に向いていないとしても，その仕事で絶対に活躍できないということを意味しているわけではありません。キャリア・アンカーと職種・職業との関係を，あまり固定的に考えるべきではないとシャインも述べているように，どのような仕事が合うかというのは人それぞれですし，すべての人があらゆる仕事・職業で活躍できる可能性を持っています。

　もちろん，職業選択や転職を考える際，適性について理解することには大きな利点がありますが，だからといって，適性だけをもとに自分のキャリアを選択する必要はありません。適性を把握することのメリットは，ある仕事に取り組むうえで，自分のどういう面が強みとなりやすく，どういう面が弱みとなりやすいかを自覚できるという点にあります。客観的な視点から自己理解を深め，自分の長所と短所を正確に認識しておくことは，仕事のうえでも，自分を成長させていくうえで役立つものです。

第Ⅳ部

表8-3　能力・性格と職業との関係

職業		言語	分類	照合	計算	読図	記憶	空間	形態	専門能力	循環気質	分離気質	粘着気質
事務系	一般事務	○	○	○	○		△						
	広報・調査		△	△	○	○		△	△				
	総務・人事	○	○	○			△						
	経理・会計		○	○	◎	○				*	－		○
	秘書	○			△		◎				○	－	
	受付	○	△	△								－	
	キー・オペレーター				○	○						－	
販売系	デパート・専門店等販売員	○	△		○	△	○						
	スーパー・一般小売店等販売員	△			△	△	△				○		
	銀行・証券	△	○	○	◎	○							○
	営業・渉外	◎			△	△	△				○		
	セールス・エンジニア	○			○	○	△	○	○	*	○	○	
技術技能系	生産現場技術者		○	○	△				○				○
	技術・設計				○	○	△	◎	○	*			
	プログラマー					○	○	◎	△	*		○	
サービス系	ウェイター・ウェイトレス等	○			△						○		
	ホテルスタッフ	○	△	△	△								
	ツアーコンダクター・航空機客室乗務員	○								*	○	－	
	通信・情報サービス	○	△	△	△	△	△						
	交通・輸送			△		○		○	○				○
奉仕系	警察官	△						○	△				
	教員	○			○		○			*			
	幼稚園教員・保育士	○								*	○	－	
	看護師・指導員		△	△	○		○			*			
その他・専門系	デザイナー						○	◎	○	*			
	研究者（文系）	◎	△	△		○	○			*		○	
	研究者（理系）	○			○	◎	○	◎	○	*			
	編集者	◎	○	◎			○						○
	ディレクター	○				○		◎	○	*			

◎　最も重視される
○　基本的に必要とされる
△　ある程度必要とされる
＊　資格などを含む専門能力

（岡村 , 1989 を元に作成）

(2)　自分に合う組織についての考え方

　前項では，自分の性格や指向・価値観に合う職業・職種について見てきました。では，自分にどのような会社や組織が合うのかについては，どう考えればよいでしょうか。結論からいうと，基本的な考え方は仕事の場合と同じであり，自分の強みや特徴が活かしやすい組織風土の会社を選べばよいわけです。ただし，仕事との適合を考えるときとは，異なる点が2つあります。

①組織風土を捉えることの難しさ

　1つ目は，企業の組織風土を捉えることが難しいという点です。仕事や職業については，社会的にコンセンサスが得られた大まかな区分というものが存在しています。たとえば，営業職，事務職，企画職などといえば，誰でもどのような仕事か，おおよそ思い浮かべることができます。それに対して，組織風土については，誰もが理解できる一般的な分類の枠組みというものがありません。また，もし何らかの枠組みを用いたとしても，個々の企業の組織風土が，その枠組みのどのタイプに該当するかを，判断するのが簡単ではないという事情もあります。

　このため，組織風土との適合を考える際には，「自分に合うのはこのタイプの組織」というように単純化して考えるのではなく，個別の企業ごとに，その会社の組織風土が自分の性格や価値観に合いやすいかどうかを判断する，というやり方が現実的です。

②働く環境に何を求めるか

　2つ目は，自分の性格や価値観と類似した組織風土が，必ずしも自分にとって働きやすいとは限らないという点です。人は一般に，自分と似た考え方や価値観を持つ相手に対して好意を抱きやすいことが，社会心理学における態度の類似性に関する研究（Newcomb, 1961）によって示されていますが，一方で，比率としては少ないものの，自分と異なる考えや価値観を持つ相手に惹かれるというケースも存在します。

　これと同様のことが，組織風土を対象にした際にも当てはまります。一般

的には，自分と似た風土が合うという場合が多いのですが，反対に自分と異なる考えを持つ人たちの中で働くほうが，刺激や学びがあってよいと感じるケースもあります。この理由としては，「学べることが多い」「自分の存在が希少価値として重みを増す」「似た人が少ないのでかえって落ち着く」といった声がよく聞かれます。ですので，自分に合う組織風土について考える際には，自分の性格や価値観の理解だけでなく，働く環境に自分が何を求めているかという点についても把握しておくことが大切になります。

　具体的には，自分と似た価値観・考え方の人たちの中で，安心できる環境で働いていきたいのか，あるいは自分と異なる価値観や個性を持つ人たちの中で，刺激を受けながら働いていきたいのか，ということも踏まえて組織風土との合致を考える必要があります。

③６角形モデルを用いたマッチングの具体例

　例を挙げましょう。Aさんは，ホランドの６角形モデルでいうと「慣習的（C）」タイプであり，性格は「内気」「規律正しい」「融通がきかない」という特徴を持っています。ホランドの適性からは，「事務」や「経理」の仕事が向いているとされます（表8-1参照）。

　今，X社とY社の２社を就職先の候補として検討していますが，X社の従業員は落ち着いていて，思慮深い人たちが多く，真面目で慎重な組織風土が感じられます。一方，Y社の従業員は明るく社交的で温かく，わいわいがやがやとした組織風土が感じられます。「慣習的（C）」タイプのAさんからすると，自分の性格・指向に近い人たちが多くいて安心感があるのはX社なのですが，Y社の明るく温かい組織風土にも惹かれています。「自分に欠けている対人面での積極性を持つ人たちの中で働いてみるのも，学びがあってよいかもしれない」という気持ちもあり，今はY社のほうに気持ちが傾いています。

　この例からわかるように，自分に合う組織風土について考える際には，①会社の組織風土を把握し，②自分の性格や指向・価値観を理解したうえで，

③自分が組織とのマッチングに何を求めるか（安心感を得ることか，刺激や学びを得ることか），ということを明確に意識することが大切です。この3つを押さえることで，組織風土との適合を適切に考えていくことが可能となります。

2．日本企業における雇用と人材育成の特徴

　適切なキャリア選択を行っていくためには，自己の適性を踏まえることが大切ですが，合わせて日本企業における雇用と人材育成の特徴についても，理解しておくことが求められます。近年では少しずつ変化しつつありますが，日本で企業に就職する場合には，「仕事を選ぶ」ということが行いにくい事情が存在するからです。

(1)　日本と欧米での雇用形態の違い

①欧米における雇用形態：ジョブ型
　欧米では，組織における採用，配置，育成などの人的資源管理は「職務」をベースにして行われます。企業の人材調達は中途採用が基本であり，当該職務に欠員が出た際に，その仕事を担うために必要な知識・スキル・能力を有している人をその都度採用します。働く人＝雇用される側から見ると，自らが希望する仕事の遂行に必要な知識・スキル・能力をいかにして身に付け，磨いていくかという観点で，自身のキャリアを設計することが必要とされます。このような欧米式の雇用形態は「ジョブ型」と呼ばれ，人と仕事とのつながりが，とても明確な仕組みだということができます（表8-4）。

②日本における雇用形態：メンバーシップ型
　これに対して日本では，欧米とは異なり，採用，配置，育成など組織における人的資源管理が「人」をベースにして行われるという特徴があります。企業の人材調達は新卒採用が基本であり，自社において将来さまざまな仕事

第Ⅳ部

表 8-4　雇用形態の比較（ジョブ型とメンバーシップ型）

	ジョブ型	メンバーシップ型
主な採用国	欧米	日本
内　容	「職務」をベースにした人事管理。職務内容および職務遂行に必要な能力，知識，スキルを明確に定め，最適な人材を充てる。	「人」をベースにした人事管理。職務内容は明確には定義されず，担当する人に委ねられる部分が大きい。
仕事の範囲	限定的・専門的	総合的
職務の変更	定められた職務内に限定される。	ジョブローテーションにより，さまざまな職務を担当する。
主となる採用形態	中途採用（通年採用）	新卒採用（一括採用）

を幅広く担える資質を持つ人物を「総合職」として採用し，入社後に配置転換を通じて多様な仕事を経験させることで，長期的に人材を育てていきます。

　働く人＝雇用される側から見ると，担当する仕事を自分で選ぶことができず，会社にとって必要な仕事を担当することになりますから，自分が希望する仕事を軸にキャリアを設計していくのが難しい仕組みです。日本における就労が，「就職」でなく「就社」だと言われる所以（ゆえん）はここにあります。このような日本型の雇用形態は，欧米式の「ジョブ型」と対比して，「メンバーシップ型」と呼ばれます。

　近年，日本においても「ジョブ型」の雇用形態を採用する企業が増加しつつあり，採用も，これまでの新卒一括採用を主体とする形から，通年での中途採用を主体とする形へと変わっていく潮流が生まれてきています。ただし社会全体で見ると，「メンバーシップ型」の雇用形態は現在でも維持されており，この状況が急激に欧米のような「ジョブ型」に変化するとは考えにくいです。そのため，日本の企業に「総合職」として入社する場合には，原則として担当する仕事や勤務地を自分で選ぶことはできず，会社が定められた

配置に従うという就業形態であることを前提にして，自己のキャリアを考え
ていく必要があります。

(2)　企業におけるキャリア形成支援のための取り組み

　一方で，グローバルでの厳しい競争環境に置かれている日本企業には，か
つてのように終身雇用を維持し従業員のキャリアを定年まで保証するのは難
しいという現実があり，従業員の自律的なキャリア形成を支援・促進するた
めのさまざまな制度の導入が進んでいます。

　例を挙げると，社内の他部署への異動希望を出すことができる「自己申告
制度」，新たな仕事や役割に自ら立候補できる「社内公募制度」，管理職とし
ての道だけではなく専門性を深めていくキャリアコースも選択することが可
能な「複線型人事制度」，仕事内容や勤務地を限定して働くことができる「限
定総合職への転換制度」など，近年さまざまな制度を導入する企業が増加し
ています。

　先ほど「日本企業の総合職の場合には，自分が希望する仕事を担当するの
は難しい」と述べましたが，企業側も仕事内容や働き方について，本人の希
望をできるだけ考慮するような仕組みを整備しつつあります。

　自分のやりたい仕事を軸としたキャリア設計を行いたいという場合には，
心理学の専門知識を活かして公務員の専門職になったり，公認心理師・臨床
心理士の資格を取って，カウンセラーとして自律的に働くなどの選択肢も考
えられます。一方，民間の一般企業で働くという道を選ぶ場合には，現在で
も日本の多くの会社が採択している「メンバーシップ型」の雇用形態につい
てきちんと理解し，各企業が導入している制度についても考慮しながらそれ
らのことを前提として自らのキャリアを考え，選択していくということが大
切になります。

第Ⅳ部

3.　初期キャリアを考えるうえで大切な2つの視点

　では，日本の企業組織において主流となっている「メンバーシップ型」の

雇用形態を前提とするとき，どのような姿勢で自身のキャリア構築に取り組んでいけばよいのでしょうか。大切なポイントが2つあります。

(1) 「やりたい仕事」を固定的に考え過ぎない

　1つ目のポイントは，初期キャリアにおいては，「自分はこの仕事がしたい」とあまり固定的に考えすぎないことです。自己分析と仕事・環境の分析に基づいて，「自分にはこの仕事が向いているので，この仕事に就きたい」と自分の中で目標を設定するのはとても良いことですが，希望の実現をあまり性急に求め過ぎると，前述した事情から壁にぶつかってしまう可能性があるからです。

　日本の「メンバーシップ型」の人的資源管理には，もちろん欠点もありますが，一方で個人のキャリア形成にとってのメリットも多くあります。第Ⅱ部の第3章で紹介したクランボルツが「偶発性理論」で述べているように，キャリアは予想もしていなかった偶然の出来事によって，大きく左右されるものです。自身のキャリアにとって何が一番良いことなのかは事前には見通すことができず，選択の善し悪しは後になってからでないと判断できないということも多くあります。たとえ自分が希望していない仕事を担当することになったとしても，その仕事に取り組む過程で経験の幅や視野が広がり，結果として職業人としての大きな成長につながることもあります。

　予想していなかった偶然の機会を活かすという考え方に立つならば，キャリアの初期段階においては「やりたい仕事」にあまり執着しすぎず，ある程度流れに身を任せながら，さまざまな経験を積む中で自分の視野を広げ，能力を高めていこうとする姿勢を持つことが重要です。一方で，「将来はこういう方面の仕事で専門性を深めていきたい」という思いを自分の中で明確に持ち続けるようにし，機会を活かすチャンスが訪れるのを待つこともまた大切です。

　自分がやりたいことあまり固定的に考えるのではなく，ある程度の幅を持たせながら，当面の短期的な目標と中長期的な目標という2つの視点を持って柔軟にキャリアに向き合っていく姿勢が求められるということです。

(2) 「自分に合う組織」という視点を合わせ持つ

　もう1つのポイントは，キャリアの選択にあたっては，「自分に合う仕事」という視点からだけでなく，「自分に合う組織」という視点を合わせ持つことが大切です。

　中学校や高校のキャリア教育において，「自分がやりたいことを明確にせよ」というメッセージが強調されていることもあり，近年の若い人たちは就職や転職にあたり，「どのような仕事を行うか」に目が向かいがちですが，初期キャリアにおいては「どのような組織で，どういった価値観を持つ人たちと共に働くか」ということのほうが，重要となるケースも多くあります。

　前章で説明したように，企業には組織風土と言われる，従業員全体に浸透した共通の考え方や行動の傾向というものが存在します。前述のように日本の「メンバーシップ型」の雇用形態の下では，一般に仕事を選んで就職するのは難しいのですが，自分に合う組織風土の会社を見つけ出すということはできます。たとえば今，「自分の考え方やアイデアを活かして働きたい。できれば企画の仕事がしたい」という希望を持つBさんが，Z社という会社に入社し，配属されたのが企画職ではなく営業職の仕事だったとします。営業職というのは顧客に製品やサービスを販売・提供する仕事ですが，一口に営業といっても，その内容や仕事の進め方は会社によって千差万別です。

　もし，Z社が新しいことへの挑戦を奨励し，若手社員に積極的に仕事を任せる組織風土の会社であれば，営業職がこの人が元々やりたかった仕事ではないとしても，仕事の中で自分のアイデアを活かしたり，さまざまな企画を提案したりすることができるため，Bさんはやりがいを感じやすいでしょう。反対に，Z社が前例やルールを重んじ，リスクに対して慎重な組織風土の会社であれば，慣例に従ってミスなく仕事を進めることを強いられ，Bさんは仕事の意義を見出すのに苦労することが想像されます。

　この例からもわかるように，「総合職」として入社し，配置転換によってさまざまな仕事を経験することになるのであれば，仕事内容よりも組織風土を重視して会社を選び，自分の価値観や考え方に合う環境で仕事をするという判断も，非常に有効で実践的なものと言えます。

第Ⅳ部

第Ⅳ部のまとめ

SUMMARY

■初期キャリアとは，スーパーが言うライフステージの「探索期」にあたります。学校，余暇活動，アルバイトや仕事体験などを通じて，自分には何が向いているのかを探索する時期であり，どのような仕事や会社を選ぶかという意思決定が重要なテーマになります。このときに検討のための枠組みとして役立つのが，「特性－因子論的なアプローチ」の考え方です。マッチングのために，①自己理解，②職業と環境の理解，③上記①②の関連についての適切な推論，の３つのステップが必要です。

■適性とは，仕事や組織に対する適合性（向き・不向き）を意味しています。組織で働く企業人としての適性には，大きく「能力的適性」「性格的適性」「態度的適性」の３種類があり，心理検査を利用することでそれらを把握することができます。自分が持つ能力，性格，価値感を活かしやすい仕事や環境を選ぶというのが，基本となる考え方です。

■初期キャリアにおいては，「この仕事がしたい」と，あまり固定的に考えすぎないことが大切です。また，組織風土についても視点も合わせ持つことが求められます。自分に合う組織風土を持つ会社で働き，仕事を通じてさまざまな経験をする中で，本当にやりたいことや，自分に向いていることを見つけ出そうとする柔軟な姿勢が求められます。

第 Ⅴ 部　働くうえで求められる能力

──成果を挙げるために必要な3つの要因──

　組織の中で個人が成果を生み出すことができるかは，その人の①能力，②モチベーション，③その人が置かれている環境や条件（機会）の，3つの要因による関数として表すことができるとされます（下図）。

　3つの要因のうち，最初の2つである「能力」と「モチベーション」は，個人側の要因です。一方，3つ目の「環境や条件（機会）」は，会社・組織側の要因であり，個人の能力や意欲を最大限に引き出すような環境や条件の提供が大切であることを表しています。

　この式の中で，3つの要因が掛け算で表現されていることに注目してください。この3つは，どれか1つでも欠けてしまい0になれば，他がどれだけ高くても成果は0となってしまいます。3つがバランスよくそろってこそ，高い成果を挙げることができるのです。

成果を挙げるために必要な3つの要因

$P＝A×M×O$

P：Performance（成果）

A：Ability（能力）

M：Motivation（モチベーション）｝ 個人の要因

O：Opportunity（機会）｝ 環境や条件

　第Ⅴ部では，働くうえで必要となる能力的な要素とモチベーションについて取り上げます。

第Ⅴ部

第**9**章　企業人能力を構成する要素

1. 成果と能力構造を表す氷山モデル

　個人が持つ能力や資質，知識・スキル，成果との関係を表す際には，「氷山モデル」と呼ばれる図がよく用いられます。図9-1は，説明のために筆者が作成した図になりますが，モデル中の三角形を海に浮かぶ氷山に，また波線を水面に見立てると，水面より上にある観察可能な部分と，水面下で目に

図9-1　成果と能力の構造（氷山モデル）

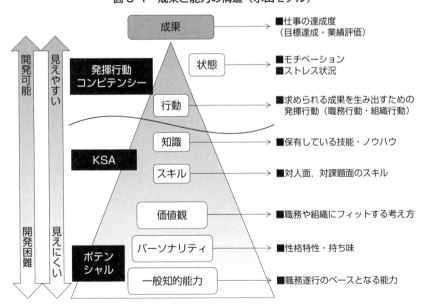

は見えない部分の2つに分かれます。有名なタイタニック号の事故でもよく知られていますが，氷山の体積は，おおよそ水面上にある体積を1とすると，水面下の目に見えない体積は9とされています。「氷山モデル」は，周囲の目に見える人間の行動の背景に，外からは見えない多くの能力や特性が影響を与えているということの喩えになっています。

　モデルの中で上部に配置されている要素ほど，周囲の目にも見えやすく，経験や学習により開発しやすい，という特徴を持っています。反対に下部に配置されている要素ほど，周囲の目からは見えにくく，また経験や学習によって開発することが難しい，生得的な資質としての特徴を強く持つ要素であることを表します。

　三角形の一番下の層には，「一般知的能力」や「パーソナリティ（性格）」「価値観」が位置づけられています。この層は，その人が持つ「ポテンシャル」的な要素だと考えることができます。その1つ上には，「知識」と「スキル」（KSA）が配置されていますが，この層は経験や学習を通じて獲得された要素を表しています。一番上は，総合的な行動特性を表すコンピテンシーの層です。より下の層にある一般知的能力，パーソナリティ（性格），価値観，知識，スキルのすべてが統合された行動特性であるコンピテンシーが実際の，行動として発揮されることにより，最終的な成果が生まれるということを示しています。

　以下では，このモデルに含まれている各能力的要素について説明していきます。

2．一般知的能力（General Mental Ability）

　氷山モデルの最下層に置かれている「一般知的能力」は，新しい環境に対応するための知的適応力であり，仕事上で必要となる新たな専門能力や知識・スキル，コンピテンシーを習得するためのポテンシャルとして機能するものです。スピアマン（Spearman, 1904）が，教科によって学習内容が異なるにもかかわらず，勉強ができる子どもには共通の得点傾向があることを見出

し，この能力を提唱しました。

　一般知的能力は，企業組織のさまざまな職務における成果と関連性があることが，これまでに多くの研究により立証されています（Schmidt & Hunter, 1977; McHenry et al., 1990）。この能力が高ければ，どのような仕事に対してもそれを遂行していくために必要な知識やスキルを獲得しやすい，というポテンシャルを持つということです。一般知的能力は，生得的な要因と，幼少の頃からの長期の学習経験によって形成されるものであるため，短期間でこの能力を高めるのは難しいという特徴を持っています。

　一般知的能力の構造については，スピアマンの2因子論（Spearman, 1904），サーストンの多因子論（Thurstone, 1938），ギルフォードの3次元構造モデル（Guilford, 1967），キャッテルの流動性知能－結晶性知能論（Cattell, 1971）など，さまざまな説がこれまで提示されてきていますが，図9-2に示されているキャロル（Carroll, 1993）の3層構造モデルが，従来の知見を統合した最も包括的なモデルであるとされています。

　一般知的能力は，仕事上で必要となる新たな専門能力や知識・スキル，コンピテンシーを習得する際のベースとなる能力であるため，新卒採用における要件のひとつとして重視されます。企業が採用選考時に利用する適性検査（能力検査）の多くは，この一般知的能力の水準を測ろうとするのものです。資質的な要因と，幼少の頃からの長期の学習経験が相まって形成される能力であるため，短期間の努力によって向上させることは難しい性質のものですが，自分の持ち味を表す特性のひとつとして理解しておき，性格的な要素や知識・スキルなど，他の強みと合わせて総合的に力を発揮していこうとする姿勢が大切です。

3．KSA（Knowledge, Skills, Abilities）

　職務遂行のために必要な「知識」「スキル」「専門能力」のことをひとまとめにして，「KSA」と呼びます。これは，Knowledge, Skills, Abilities の頭文字をとったものです。米国では，採用や配置などの人的資源管理は職務

図9-2　キャロルの知的能力の３層構造モデル（Carroll, 1993）

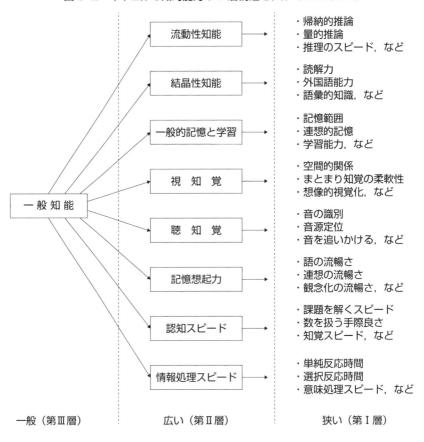

単位で行われますので，その職務を遂行するために必要な KSA が，職務記述書（Job Description）と呼ばれる文書で明確に定義されているのが通常です（表9-1）。

　これに対して，日本では人をベースにした人的資源管理が主流であるため，職務の内容は明確には定義されず，その職務を担当する人に委ねられる部分が大きいという特徴があります。そのため，日本の企業では，ジョブ型の人事管理を導入しているケースを除けば，職務ごとに必要な KSA が定義され

表9-1　職務記述書の例

職　　務	営業職
職務概要	顧客や見込み顧客に対して，自社製品・サービスの提案活動を行う。事業戦略に基づき，製品・サービスの価値を効果的に顧客に提示し，取引を拡大する。営業活動はチームで行うため，上司や同僚と協力しつつ，任された自らの役割を的確に果たし貢献していくことが必要とされる。
職務内容	既存顧客と関係性を深めて取引を拡大する。 新規顧客を獲得する。 製造部門への指示出しと連携 製品・サービスの納品の管理
必要とされる知識・スキル	自社製品・サービスに関する知識 競合他社の製品・サービスに関する知識 資料作成スキル プレゼンテーションスキル 対人折衝や交渉を行うスキル
必要な資格	普通自動車免許
学　　歴	大卒以上
求められる人物特性	顧客や社内外の関係者との関係性を構築する対人積極性 フットワークよく動くことができる活動性の高さ 人と協力して仕事を行うための協調性 人との軋轢や仕事のプレッシャーに負けないストレス耐性

ているというケースはそれほど多くはなく，ここにも日本と欧米の人的資源管理の考え方の違いが表れていると言えます。

　日本の新卒一括採用においては，エンジニアや特定領域のスペシャリスト等，専門知識や技術が必要となる一部の職種を除けば，一般にKSA（知識・スキル・専門能力）の保有レベルが採否の決定的な要件となることは少なく，選考に際しては，職務遂行に必要な知識・スキル・能力を，入社後に習得できる資質を高いレベルで有しているか，ということがより重視される傾向があります。

　ただし日本においても，入社後に即戦力としての活躍が期待される中途採用の場合には，新卒採用と事情が異なり欧米同様にKSAを重視した選考が

行われており，これまでの仕事経験を通じてどのような KSA を身につけた
のかということが問われます。転職を希望する個人としては，自分が保有す
る知識・スキル・能力や経験を明確に意識したうえで，それをどう活かすか
という観点を軸にして，次の転職先の会社・仕事を探していくことになりま
す。

　大学生の中には，就職の際に役立てようと考えてさまざまな資格の取得に
力を入れるケースがよく見受けられますが，新卒採用の段階においては資格
の保有が求められることは，特殊な職種を除けばそれほど多くはありません。
資格を取得することが今後のキャリア形成のうえで非常に有益であることは
間違いありませんが，それは「就職のために有利だから」という理由からで
はなく，「自分のこれからのキャリアに役立てるため」という理由で行うも
のだと理解しておくことが大切です。

4．コンピテンシー

(1)　コンピテンシーの定義と内容

　コンピテンシーとは，成果を挙げるために必要な包括的な企業人能力のこ
とで，一般知的能力，性格，態度的要素，知識，スキルなど，すべてが統合
された行動特性になります。組織において高い業績を挙げている従業員が共
通して持つ特性として，インタビューなどの手法を用いて抽出されます。コ
ンピテンシーは，1990 年代以降に米国の人的資源管理の領域で登場した概
念で，それまで主流であった知識・スキルなどの能力的要素に重きを置く考
え方とは異なり，性格や態度的要素なども含めて，行動に結びつく能力を総
合的に捉える実践性の高い概念として，広く浸透したものです。

　「ある状況又は職務において高い業績をもたらす類型化された行動様式(性
向，態度，知識・技能などを効果的に活用して実際に成果を達成する行動様
式)」(厚生労働省，2002) と定義されますが，適性を全人格的なものとして
捉える日本的な人間観にも通ずる考え方であることから，2000 年以降，日

第Ⅴ部

図 9-3 コンピテンシーの氷山モデル (Spencer, 1997)

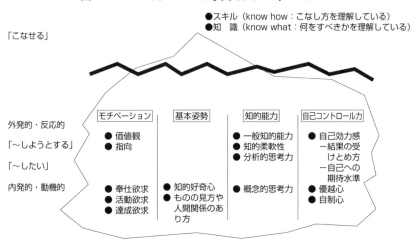

本企業においても採用や育成の目的で広く使われるようになってきています。

　図 9-3 は,スペンサーが提唱した「コンピテンシーの氷山モデル」(Spencer, 1997) と呼ばれるものです。コンピテンシーが能力,性格,意欲,姿勢など,さまざまな要素が統合された特性であることが示されています。また表 9-2 は,さまざまな研究者や実務家が提示した,管理職レベルの企業人に求められるコンピテンシーのフレームを整理したものです (二村,2000)。これを見ると,企業人のコンピテンシーが,大きく「目標達成」「思考能力・スキル」「他者理解」「影響力」「マネジメント」「自己管理」の,6 領域から構成されることが理解できます。

(2) 採用場面でのコンピテンシーの見極め

　企業における採用では,成果に結びつきやすい総合的な行動特性としてのコンピテンシーが重視されます。具体例を見てみましょう。図 9-4 は,企業が人材の採用や育成の目的で設定する,自社で活躍するために必要なコンピテンシーの記述例です。この例では,大きく「創造革新」「影響力」「チーム

表9-2　コンピテンシーの要素リスト比較

分　類	ボヤッティス (Boyatzis, 1982, 1995)	クック (Cook, 1992)	マクレランド (McClelland, 1996)	ヘイコンサル ティング（佐久 間他, 1998)
目標達成	効率指向性 徹底性 積極性	達成指向性 仕事の質指向性 積極性	達成指向性 積極性	達成指向性 徹底性 自発性
思考能力 ・スキル	状況認識力 分析力 技術・ノウハウ 文章コミュニケー ション力 口頭コミュニケー ション力 概念力 システム思考力 計画力	情報収集力 分析的思考力 概念的思考力 技術／専門／マ ネジメントのノ ウハウ	分析的思考力 概念的思考力	情報指向性 分析的思考力 概念的思考力 専門性 先見性
他者理解	共感性	他者理解力 顧客指向性	他者理解力	対人感受性 顧客指向性
影響力	組織的影響認識力 人脈拡大力 説得力 折衝力	組織的影響認識力 人脈構築力 説得力・影響力	人脈構築力 説得力・影響力	人間関係 顧客指向性
マネジメ ント	マネジメント力 人材育成力	管理・指示力 人材育成力 チームワーク力 リーダーシップ	管理・指示力 人材育成力 チームワーク力 リーダーシップ	強制的指導力 人材育成力 チームワーク リーダーシップ
自己管理	自信 状況適応力 社会的公正性 自己認識力	組織コミットメン ト 自己コントロール 自信 状況適応力	自信 組織コミットメン ト 誠実性 状況適応力	自信 組織への献身 自制力 柔軟性

（二村，2000 を元に作成）

第Ⅴ部

図9-4　コンピテンシーの記述の例

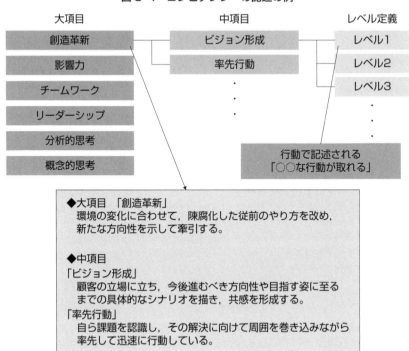

ワーク」「リーダーシップ」「分析的思考」「概念的思考」の6つの大項目で
コンピテンシーが整理されており，それぞれについて，下位の概念（中項目）
とそのレベルについての定義が定められています。新卒採用や，「第二新卒」
と呼ばれることもある職務経験がまだ浅い初期キャリア段階での中途採用の
場合，業務に直結する個別具体的な KSA の保有状況はあまり問題になりま
せん。そのため，一段抽象化レベルを高めた要件であるコンピテンシーを用
いて，自社に適合する人物かどうかの見極めが行われることが多いです。

　コンピテンシーの見極めは，採用面接を通じて行われるのが一般的です。
面接官は，学生時代に何かに打ち込んだ経験や，これまでの人生で何らかの
目標を目指して努力してきた経験などについての質問を行い，深く掘り下げ
ていくことによって，その人物が保有するコンピテンシーのレベルを推測し

ていきます。たとえば，応募してきた被面接者が「創造革新」に該当するコンピテンシーを持つ人物であるかどうかを見極める際には，「これまで学生時代または前職での仕事の中で，自分の提案で何か新しい企画を実現し，周囲から高い評価を得たという経験はありますか。そのときのことについて詳しく教えてください」などの質問を投げかけます。面接官はその質問への回答を通して，本人の当該コンピテンシーの保有レベルを評価します。

(3) コンピテンシーを向上させることの重要性

　コンピテンシーは，経験や学習によって高めていくことができる行動特性です。初期キャリアの段階では，自ら目標を掲げて挑戦し，それを達成するという経験を積み重ねることによって幅広くさまざまなことを学び，自らのコンピテンシーを向上させていこうとする姿勢が特に大切になります。学生の皆さんにとっては，社会に出たときに，企業人としてどのようなコンピテンシーが重要になるのかをあらかじめ理解しておくことで，学業への取り組みや部活動などを通じて，コンピテンシーのレベルを意識して高めていくということが可能になります。

　次章では，学校から企業人にシフトしていくために必要となる能力について見ていきましょう。

第Ⅴ部

第10章

初期キャリアで必要とされる職業能力

1. さまざまな機関による分類の枠組み

　ここでは，初期キャリアにおいて，仕事で成果を挙げていくためにはどのような能力やコンピテンシーが必要とされるのかについて見ていきます。

　企業人としての初期キャリアにおいて求められる能力については，これまでさまざまな研究機関，大学，行政の関連組織などが枠組みを提示しています。その中で代表的なものに着目し，一般的にどのような能力が企業人に求められるかについて，考えてみたいと思います。

　以下では，①人間力，②就業基礎能力，③社会人基礎力，④基礎的・汎用的能力の4つを取り上げます。これらはいずれも，学生から企業人への移行期である初期キャリアの段階に，組織の中で成果を挙げていくためのベースとして必要とされる職業能力やコンピテンシーと言えます。どのような仕事を行う際にも共通して求められる，非常に汎用性の高い能力であることから，「ジェネリック・スキル」と呼ばれることもあります。

①人間力（内閣府，2003）

　人間力は，内閣府に置かれた人間力戦略研究会が，「若者に夢と目標を抱かせ，意欲を高める　〜信頼と連携の社会システム〜」という報告書の中で提示したもので，「社会を構成し運営するとともに，自立した一人の人間として力強く生きていくための総合的な力」と定義されています。

　「知的能力的要素」「社会・対人関係力的要素」「自己制御的要素」の3つで構成され，「職業生活」のためだけでなく，「市民生活」や「文化生活」を

表 10-1　人間力の構成

能　力	内　容
知的能力的要素	基礎学力，専門的な知識・ノウハウを持ち，自らそれを継続的に高めていく力。また，それらの上に応用力として構築される論理的思考力，創造力など。
社会・対人関係力的要素	コミュニケーションスキル，リーダーシップ，公共心，規範意識や他者を尊重し切磋琢磨しながらお互いを高め合う力など。
自己制御的要素	これらの要素を十分に発揮するための意欲，忍耐力や自分らしい生き方や成功を追求する力など。

(内閣府, 2003)

含めた生きるための基礎となる力とされています（表 10-1）。

②就業基礎能力（厚生労働省，2004）

　厚生労働省が，就職活動のための学習の目標が明確になるように，若年層を支援することを目的に作成したもので，「企業が採用に当たって重視し，基礎的なものとして比較的短期間の訓練により向上可能な能力」と定義されています。

　「コミュニケーション能力」「職業人意識」「基礎学力」「ビジネスマナー」「資格取得」の 5 つで構成されますが，短期間の訓練による習得をひとつの目的として作成されているため，他の枠組みと比較すると，総合的なコンピテンシーというよりは，やや知識・スキル寄りの色彩が強い点が特徴と言えます（表 10-2）。

③社会人基礎力（経済産業省，2006）

　経済産業省が産学の有識者から成る委員会にて作成したもので，「組織や地域社会の中で，多様な人々とともに仕事を行っていくうえで必要な基礎的な能力」と定義され，「前に踏み出す力（アクション）」「考え抜く力（シンキング）」「チームで働く力（チームワーク）」の 3 つと，12 の下位能力要素

第Ⅴ部

表 10-2 就業基礎能力の構成

能 力	要 素	内 容
コミュニケーション能力	意思疎通	自己主張と傾聴のバランスを取りながら，効果的に意思疎通ができる。
	協調性	双方の主張の調整を図り，調和を図ることができる。
	自己表現力	状況にあった訴求力のあるプレゼンテーションができる。
職業人意識	責任感	社会の一員として役割の自覚を持っている。
	向上心・探究心	働くことへの関心や意欲を持ちながら進んで課題を見つけ，レベルアップを目指すことができる。
	職業意識・勤労観	職業や勤労に対する広範な見方・考え方を持ち，意欲や態度等で示すことができる。
基礎学力	読み書き	職務遂行に必要な文書知識を持っている。
	計算・数学的思考	職務遂行に必要な数学的な思考方法や知識を持っている。
	社会人常識	社会人として必要な常識を持っている。
ビジネスマナー	基本的なマナー	集団社会に必要な気持ちの良い受け答えやマナーの良い対応ができる。
資格取得	情報技術関係の資格 or 経理・財務関係の資格 or 語学力関係の資格	

(厚生労働省, 2004)

で構成されています（表 10-3）。

　社会人基礎力は，現在でも企業における社内の人材育成，インターンシップを通じた大学生の就業能力向上の支援，大学におけるキャリア支援や教育カリキュラムへの組み入れなど，幅広い場面で活用されており，大学生や若年層企業人の能力開発のための有効な枠組みとして機能しているものです。

④基礎的・汎用的能力（中央教育審議会, 2011）

　文部科学省所属の委員会である中央教育審議会が，それまでに提唱された「社会人基礎力」「人間力」「就業基礎力」などを踏まえて，仕事に就くことに焦点を当て，実際の行動として表れるという観点で，必要な要素をできる限りわかりやすく整理したものです。分野や職種にかかわらず，社会的・職

表 10-3　社会人基礎力の構成

能　力	要　素	能力の内容
前に踏み出す力 （アクション）	主体性 働きかけ力 実行力	物事に進んで取り組む力 他人に働きかけ巻き込む力 目的を設定し確実に行動する力
考え抜く力 （シンキング）	課題発見力 計画力 創造力	現状を分析し，目的や課題を明らかにする力 課題に向けた解決プロセスを明らかにし，準備する力 新しい価値を生み出す力
チームで働く力 （チームワーク）	発信力 傾聴力 柔軟性 情況把握力 規律性 ストレスコントロール力	自分の意見をわかりやすく伝える力 相手の意見を丁寧に聞く力 意見の違いや立場の違いを理解する力 自分と周囲の人々や物事との関係性を理解する力 社会のルールや人との約束を守る力 ストレス発生源に対応する力

(経済産業省，2006)

業的に自立するために必要な基礎となる能力を提示しているもので，「人間関係形成・社会形成能力」「自己理解・自己管理能力」「課題対応能力」「キャリアプランニング能力」の４つからなります（表10-4）。

2．初期キャリアで必要とされる職業能力

　①人間力，②就業基礎能力，③社会人基礎力，④基礎的・汎用的能力の４つについてそれぞれの枠組みを見てきましたが，これらのフレームには共通の構造があります。表10-5 はそれを整理したものですが，企業人の職業能力を捉える枠組みには大きく，「課題解決に関する能力（課題）」「人間関係構築やコミュニケーションに関する能力（対人）」「自己管理に関する能力（自己）」「キャリア観とキャリアプランニングに関する能力（キャリア）」の，４つの共通した領域に括ることができるのがわかります。

　４つの各領域に含まれる下位要素については，それぞれ異なる用語で定義されていますが，企業人として組織の中で成果を挙げていくために求められ

第 V 部

表10-4 基礎的・汎用的能力の構成

能　力	内　容	能力の内容
人間関係形成・社会形成能力	・多様な他者の考えや立場を理解し，相手の意見を聴いて自分の考えを正確に伝えることができる。 ・自分の置かれている状況を受け止め，役割を果たしつつ他者と協力・協働して社会に参画し，今後の社会を積極的に形成することができる。	他者の個性を理解する力 他者に働きかける力 コミュニケーションスキル チームワーク　リーダーシップ　など
自己理解・自己管理能力	・自分が「できること」「意義を感じること」「したいこと」について，社会との相互関係を保ちつつ，今後の自分自身の可能性を含めた肯定的な理解に基づき主体的に行動する。 ・自らの思考や感情を律し，かつ，今後の成長のために進んで学ぼうとする。	自己の役割理解 前向きに考える力 自己の動機づけ 忍耐力 ストレスマネジメント 主体的行動　など
課題対応能力	仕事をするうえでのさまざまな課題を発見・分析し，適切な計画を立ててその課題を処理し，解決することができる。	情報の理解・選択・処理等 本質の理解　原因の追求 課題発見　計画立案 実行力 評価・改善　など
キャリアプランニング能力	「働くこと」を担う意義を理解し，自らが果たすべきさまざまな立場や役割との関連を踏まえて「働くこと」を位置づけ，多様な生き方に関するさまざまな情報を適切に取捨選択・活用しながら，自ら主体的に判断してキャリアを形成していく。	学ぶこと・働くことの意義や役割の理解 多様性の理解 将来設計　選択 行動と改善　など

（中央教育審議会, 2011）

る職業能力の領域が，大きくこの4つで捉えられるということを理解しておくと，自身の能力開発について考えるうえでも便利です。

　以下では，それぞれの領域ごとに，具体的にどのような能力開発が求められるかについて見ていきましょう。

表10-5　4つの枠組みに共通する構造

能力区分	①人間力（内閣府，2003）	②就職基礎能力（厚生労働省，2004）	③社会人基礎力（経済産業省，2006）	④基礎的・汎用的能力（中央教育審議会，2011）
課題				
課題解決能力	知的能力的要素	基礎学力	前に踏み出す力　考え抜く力	課題対応能力
対人				
対人関係能力	社会・対人関係力的要素	コミュニケーション能力	チームで働く力	人間関係形成・社会形成能力
自己				
自己管理能力	自己制御的要素	－	チームで働く力（規律性，ストレスコントロール力）	自己理解・自己管理能力
キャリア				
キャリア観・就業観	（自己制御的要素）	職業人意識	－	キャリアプランニング能力
その他	－	ビジネスマナー　資格取得	－	－

3.　4つの領域ごとの能力開発のポイント

　ここでは，「課題解決に関する能力」「人間関係構築やコミュニケーションに関する能力」「自己管理に関する能力」「キャリア観とキャリアプランニングに関する能力」の4つについて，それぞれの領域ごとに能力開発にあたってのポイントを説明します。

(1)　課題解決に関する能力

　仕事というのは，ビジネス上の何らかの目標を実現するために，その過程で生じるさまざまな問題や課題を一つひとつ解決し，乗り越えていくというプロセスの連続で構成されています。どのような問題や課題に直面しても，それを乗り越えていくことができるという課題解決能力の獲得は，仕事上の成果に直結します。

第V部

図 10-1　PDCA サイクル

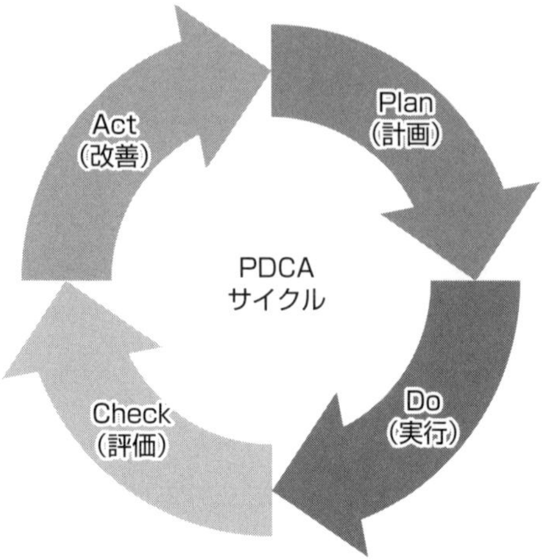

　それでは，課題解決能力を身に付けるためには，どのようにすればよいの
でしょうか。効果的な問題解決を支援するための考え方として，「PDCA サ
イクル」という枠組みが世の中に広く普及しています（図 10-1）。この考え
方を理解しておくと，課題解決能力を上手に高めていくことができます。
　「PDCA」というのは，「Plan（計画）」→「Do（実行）」→「Check（評価）」
→「Act（改善）」という 4 つのプロセスのことを意味しており，このプロ
セスを何度も繰り返すことで，目標の達成に少しずつ近づいていくことがで
きるというものです。
　最初のステップである「Plan（計画）」は，課題を解決するためのプラン
を自分で考えて，組み立てるという作業です。場当たり的に物事を進めるの
と，事前に計画を立てて物事に取り組むのとでは，結果に大きな違いが生ま
れます。次のステップである「Do（実行）」では，自分で設定したプランが
計画どおりに進展するように実際に行動します。実行しなければ何事も実現
しませんので，計画したことを粘り強く確実に実行するというのは，重要な
プロセスです。
　続くステップである「Check（評価）」では，実行してみた結果，計画ど

おりにうまくいった点とうまくいかなかった点がどこにあったかを振り返ります。行動した結果を改めて自分で省みて評価を行うというのは，学習の効果を高めるためにも，目標を達成するためにも，とても大切なステップになります。最後の「Act（改善）」では，「Plan（計画）」「Do（実行）」「Check（評価）」の３つのステップについての振り返りや反省を踏まえたうえで計画を見直し，改善すべき点は改善して修正計画を立て，また新しい PDCA サイクルを開始します。

　ここで説明した「PDCA サイクル」を回す力は，成功や失敗を数多く積み重ねることで向上していくものですが，仕事に取り組む経験だけではなく，学生生活やアルバイト経験など，仕事以外のさまざまな取り組みの中でも高めていくことができます。目標を実現するために，その過程で生じるさまざまな問題や課題を，一つひとつ解決し乗り越えていくというプロセスは，学校での勉強や部活動などへの取り組みの中でも経験することができるものだからです。

　学業や仕事以外の活動に漫然と取り組むのではなく，ここで挙げた４つのステップを意識しながら努力を重ね，自分として満足できるような成功体験を１つでも２つでも増やしていくようにすることが，自分自身の課題解決能力を高めることにつながります。

(2)　人間関係構築やコミュニケーションに関する能力

　自分一人の力で成果を出せる仕事というものは少なく，ほとんどの場合，仕事は人と協力しながら進めていくものですので，他者と建設的な関係を築く力やコミュニケーション能力は非常に重要です。この能力を高めるためにはさまざまなアプローチがありますが，ここでは３つの観点でポイント示しておきます。

①仕事の場面で有効に働くコミュニケーション能力を磨く

　まず，仕事のうえで求められるコミュニケーション能力というのは，普段世の中で使われているコミュニケーション能力という言葉とは，意味内容に

第 V 部

少し違いがあることを理解しておく必要があります。

　日常的な使われ方としては，「会話が上手で，人とうまくやっていくことができる」というイメージがまず思い浮かびますが，ビジネスにおけるコミュニケーションは仕事上の目的をともなった対話であり，「相手の考えや主張を的確に理解し，自分が相手に伝えたいことを効果的に伝達する」という点が重要になります。

　対面のやり取りや会話を通じてのコミュニケーションが大切なのはもちろんですが，近年ではメールなど電子媒体を用いて仕事をする機会が増えていますので，「読む・書く」という記述によるコミュニケーションが重要性を増しています。また，IT 技術の発展を背景に，テレビ会議や WEB ミーティングという形でコミュニケーションを取る機会も多くなっています。こうしたオンラインの場では，画面に画像を投影したり，ファイルを添付共有したり，チャット機能を用いて参加者と文字によるやり取りを行うなど，従来にはない形のコミュニケーション手段も使用されます。このように，昨今では，IT 技術を活用した伝達のスキルを含めて，さまざまなコミュニケーション手段を的確に使い分けていく力が求められています。

　仕事上で必要なコミュニケーション能力を高めようとする際には，「相手の主張・伝えたい事柄を正しく理解できているか」「自分の主張・伝えたい事柄が相手に的確に伝わっているか」という点を，日頃から意識して人とコミュニケーションを行うことが大切です。相手が何を言わんとしているかがつかみにくい状況では，「お話の趣旨は，この内容で間違いないですか」と確認するようにします。また反対に，込み入った内容を伝える際には，「私の話は伝わっていますか。わかりにくい点はありませんか」と，相手に尋ねるようにするとよいでしょう。

　同じ言葉を用いていても，想起する内容は人によって微妙に違っているものです。日頃から上記の例のように，伝えようとしている内容に相互に誤解や齟齬が生じていないか確認を行う習慣を身に付けることで，ビジネス場面で有効に機能させるコミュニケーション能力を高めていくことができます。

②相手の視点に立って物事を見る

対人面の能力を高めるための2つ目のポイントは，相手の考え方や立場に立って物事を捉えるように心がけることです。人は誰でも自分の視点から物事を考え，何が正しいかを判断してしまうところがあるものですが，仕事場面においては，自分にとっても相手にとってもメリットがある，「Win-Winの関係」となる合意を目指していくことが重要になります。

相手と意見が食い違ってしまい，合意することができないという場合には，「その人がなぜそう考えるのか」ということを，一度相手の立場や視点に立って考えてみるようにするとよいでしょう。そうすることで，今まで気づかなかった事柄や，見落としていた視点が見えてくるはずです。Win-Winの視点を持ち，相手の立場や考え方を踏まえて話し合う機会を数多く持つことは，合意形成能力の向上につながるものです。

③自ら周囲に働きかける姿勢を持つ

対人面の能力を高めるための3つ目のポイントは，自分から周囲や相手に働きかけていく姿勢を持つことです。仕事は人と力を合わせて成果を出すものですので，周囲の協力を得ることが必要になりますが，その際には受け身の姿勢ではなく，自ら進んで周囲に支援を求めたり，主体的に関係者を巻き込んでいこうとする姿勢が大切です。

何らかの集団活動に参加する機会を得たときには，集団の一員として自分が果たすべき役割をできるだけ広い視点で捉え，関係者に対して自分から積極的に働きかけていくように努力しましょう。それにより，周囲との関係が良い方向に変化したり，グループ活動の成果につながったりするなど，ポジティブな変化が生まれる可能性が高まります。

(3) 自己管理に関する能力

自己管理能力とは，どのような環境に置かれたときにも，自分の心身のコンディションを良好に保ちながら粘り強く課題を進めていくことができるように，自らを律する力のことです。

第 V 部

　人は誰でも何か困難な状況に直面したり，自分が望まないことに取り組ま
なければならない環境に置かれたりしたときには，ストレスを感じますし，
やる気やモチベーションも高まらないものです。そうした状況下でも，必要
な場合には気持ちを切り替えることで，自分なりに納得したうえで前向きに
課題に取り組み，自分の果すべき役割を責任感や使命感を持ってまっとうす
ることが，仕事上では大切になります。

　「逆境が人を作る」という言葉がありますが，何らかの困難や苦労を乗り
越えていく経験を重ねることで，忍耐力や粘り強さが養われるという面があ
りますし，自己管理能力も高まっていくと考えられます。仕事や学業などさ
まざまな活動に取り組む中で困難に直面したときには，自らを律する力を高
める機会であると前向きな姿勢で問題に向き合い，意識して能力開発に取り
組むのも有意義なことだと言えます。

　また，心理学では，これまでにストレスやモチベーションに関するさまざ
まな理論や知見が体系化されていますので，それらを学び現実に応用するこ
とによって，仕事に取り組む中で感じるストレスを低減し，困難な環境でも，
モチベーションを良好に保つために役立てることができます。モチベーショ
ン・マネジメントについては次章で，ストレス・マネジメントについては第
Ⅵ部にて説明します。

(4)　キャリア観とキャリアプランニングに関する能力

　以前の社会では，良くも悪しくも「自分は何のために働くのか」というこ
とをあまり深く考えずに，働き続けるのが普通であるという状況がありまし
た。これに対し現在では，経済的にはより豊かな社会になった半面，仕事を
巡る環境は昔に比べてはるかに複雑になり，働くということに対する人々の
価値観は多様化しています。

　良くいえば幅広い選択肢がある時代になったということですが，一方でそ
れは，自分のキャリアについての選択を自分自身で行う責任を担うというこ
とでもあります。「社会の中で何がしたいのか」「自分の職業人生をどのよう
に築いていくか」という自分なりの考え・キャリア観をしっかりと持って生

きていくことが，以前にも増して大切になっています。

　キャリア観は，小中学校，高校，大学での学びや社会に出た後の仕事への取り組みなど，さまざまな経験の中で次第に培われていくものです。早い時期から自分の働き方や生き方について関心を持ち，広い視野からさまざまな事柄に挑戦することで多くを学び，将来に向けての展望を獲得しようとする姿勢が求められます。

　近年，「キャリア自律」の重要性を指摘する声が高まっていますが，自分のキャリアは自身で選び取っていくものだという意識を持つことは，長い人生を通じて，途中で息切れしてしまうことなく自分で納得できるキャリアを形作っていくための基盤となります。

第 Ⅴ 部

1. ワーク・モチベーションの重要性

　第Ⅴ部の冒頭で，P ＝ A × M × O という式を用いて「成果を挙げるために必要な 3 つの要因」を紹介しましたが，組織の中で成果を挙げるためには，優れた能力を有しているだけでなく，仕事に対して高いモチベーションを維持し続けることも求められます。

　人生は楽しいことや良いことばかりではありませんので，時には何か大きな問題や壁にぶつかり，元気がなくなってしまったり，やる気が出なかったりということも起こります。そういうときに，元気を取り戻すために有効な自分なりの方法を持っていたり，気持ちを切り替えてやる気を奮い立たせるための「スイッチ」を自覚したりすることができれば，困難や課題に対処していく際の大きな助けとなります。そのための出発点として，まずはモチベーションとは何かということを理解しましょう。

　モチベーションとは，わかりやすく言えば，やる気・意欲のことです。心理学だけでなく，さまざまな領域で用いられている概念であり，「動機づけ」と呼ばれることもあります。語源はラテン語の movere（英語の move に対応）だと言われており，田尾（1993）による定義では，「何か目標とするものがあって，それに向けて行動を立ち上げ，方向づけ，支える力」とされます。

　また，特に働くことについてのモチベーションのことを指す場合に，頭に「ワーク」を付けた形で，「ワーク・モチベーション」という使い方をされることがあります。ピンダー（Pinder, 1998）によれば，ワーク・モチベーションとは，「個人，また個人の存在を超えたところに生じる，ある種のエネルギー

であり，仕事に関連する行動を引き起こし，その形態，方向，強さ，継続性を決定する」とされています。

　以下では，これまで心理学において提唱された，代表的なモチベーションに関する理論について説明します。

2．モチベーションに関する理論

　心理学や関連領域の研究者によって，モチベーションに関するさまざまな理論が提唱されていますが，ここでは2つのアプローチに分けて，その代表的な考え方を紹介します。1つは，「モチベーションを生じさせる要因」に焦点を当てるもので，「内容的アプローチ」と呼ばれています。もう1つは，「モチベーションを維持継続させるためのプロセス」に焦点を当てるもので，「過程的アプローチ」と呼ばれます。

　2つのアプローチからモチベーションについての理解を深めることで，目標に向けて行動しようとする意欲がどのように生まれ，持続するのかという構造を捉えることができるようになりますし，このことは，モチベーションを高いレベルに保つためのヒントや，手がかりを得ることにもつながります。

（1）　内容的アプローチ：モチベーションを生じさせる要因に関する理論

　「人が持つどのような内的欲求が，やる気や意欲を生じさせるのか」あるいは「どのような環境要因が，人のモチベーションを高めるのか」という問いに答えるモチベーションの要因に関する理論や研究は，内容的アプローチと呼ばれます。これは，人間のモチベーションの源泉を探ろうとするものだと言えます。

①マズローの欲求階層説

　このアプローチの最も有名な理論として，マズロー（Maslow, 1943, 1954）の「欲求階層説」があります。マズローによれば，人間の基本的欲求は「生

第Ⅴ部

理的欲求」「安全と安定の欲求」「所属と愛の欲求」「承認欲求」「自己実現欲求」の5つに分類されます。この5つの欲求は「自己実現欲求」を頂点とする階層構造を構成しており，階層の上位にある欲求は，下位にある欲求が満たされて初めて生じるとされています（表11-1）。

　日本にも「衣食足りて礼節を知る」という古い諺がありますが，生理的欲求や安全を求める欲求を下層にして，「自己実現欲求」を最上位に置くマズローの理論は，「衣食」が満たされてはじめて「礼節」という，より高いレベルの行動が取れるようになるという，東洋の故事成語と類似した考え方であると言えます。

　第1層の「生理的欲求」から第4層の「承認欲求」までの4つの欲求は，それが満たされないという欠乏の状態によって生じ，その欠乏が充足されれば欲求そのものが減少していくという特徴を持っているため，「欠乏欲求」と呼ばれます。これに対し，第5層の「自己実現欲求」は，それが満たされ

表11-1　マズローの欲求階層説

欲　求	内　容	特　徴
自己実現欲求	自分が潜在的に持っている可能性を最大限に発揮し，自分がなりうるものになりたいという欲求。	成長欲求（充足されても減少せず，さらに高められていく。内的に満たされる）
承認欲求	他人から認められ尊敬されたいと思い，評判・名声・注目などを求める欲求。自尊心，業績，強さなど，自分自身への高い評価を持ちたいという欲求。	欠乏欲求（充足されると減少する。外的要因によって満たされる）
所属と愛の欲求	何らかの集団に所属し，友人，恋人，家族などの他者との愛情に基づく良い関係を求める欲求。	
安全と安定の欲求	戦争・災害・犯罪・病気・失業などを避け，安定した生活を求める欲求。	
生理的欲求	空腹・渇き・性・呼吸など，人間の生命維持に関係がある欲求。	

（Maslow, 1943, 1954 を元に作成）

たとしても欲求そのものが減少するということがなく，さらなる成長に向けてより一層高いレベルの自己実現を求めていきたくなるという特別な特徴を持つため，他の 4 つとは区別されて「成長欲求」と呼ばれます。

「欠乏欲求」は，空腹，安全な環境，集団への所属，他者からの承認などの外的要因によって充足されるという面が強いのに対して，「成長欲求」である「自己実現欲求」は，外的にではなく内面的に満たされるものであるという違いがあります。

マズローが欲求階層説において強調しているのは，唯一の成長欲求である自己実現欲求の重要性です。欠乏している状態が満たされてもその欲求が弱まることがなく，さらに上の理想とする状態を目指して成長を続ける原動力である自己実現欲求を意識することは，モチベーションを長期的に持続させていくうえでの，ひとつの鍵となります。

②ハーズバーグの動機づけ‐衛生理論

マズローの欲求階層説と並んで有名な理論に，ハーズバーグ（Herzberg et al., 1959）の「動機づけ‐衛生理論」があります。この理論は，仕事の満足や不満足をもたらす要因を明らかにすることを目的に，約 200 名の技術者と会計士を対象に行われた面接調査研究に基づいて提唱されたものです。調査結果が示したのは，仕事に満足をもたらす要因（動機づけ要因）と，不満をもたらす要因（衛生要因）は，それぞれ別であるということでした（表11-2）。

「動機づけ要因」とは，仕事に対する満足やモチベーションを高める要因であり，「達成」「承認」「仕事そのもの」「責任」「昇進」などが該当します。これらの要因は皆，その影響が比較的長期にわたって継続するという特徴を持つものであり，仕事のやりがいや働くことに対する満足感など，本人の内面的な欲求の充足につながりやすいという特徴を持っています。

これに対し，「衛生要因」とは，それが満たされていないときには不満を引き起こすけれども，いったんその欠乏の状態が満たされ，改善されてしまえば，その効果が薄れるという性質のものです。「会社の施策と経営」「監督

第 V 部

表 11-2　ハーズバーグの動機づけ - 衛生理論

仕事に満足を もたらす要因	内　容	特　徴
動機づけ要因	達成 承認 仕事そのもの 責任 昇進	・満足感や仕事への動機づけを促 　進する。 ・長期的に持続する。 ・不満足に関係しない。
衛生要因	会社の施策と経営 上司（長）の監督 技術 給与 対人関係 作業条件	・充足すると不満感を低める。 ・短期的，一時的にしか満たされ 　ない。 ・仕事への動機づけと無関係。

(Herzberg et al., 1959 を元に作成)

技術」「給与」「対人関係」「作業条件」などが「衛生要因」に該当しますが，これらはいずれも働く人にとっては外的な要因であり，そのことが仕事に対する満足やモチベーションを継続的に高めることにはつながらない，という特徴を持っています。

　ハーズバーグによれば，人が高いモチベーションを持ち続けながら満足して働くためには，仕事を通じて成長欲求が満たされることが重要だとされます。外的な環境条件をどれだけ整えたとしても，それは本人にとっての「衛生要因」を満たすことにしかなりません。長期にわたって高いモチベーションを維持しながら，納得できるキャリアを形成していくためには，自らの成長につながる「動機づけ要因」を重視していくことが大切になります。

③ハックマンとオルダムの職務特性理論

　最後に，働く人のモチベーションを高めるためには，どのような特性を持つ仕事が重要なのかを説明する理論として，ハックマンとオルダムの「職務特性理論」（Hackman & Oldham, 1976）を紹介します（図11-1）。この理論は，働く人の高いモチベーションにつながる職務の特性として，「技能の多

図11-1　**ハックマンとオルダムの職務特性理論**（Hackman & Oldham, 1976）

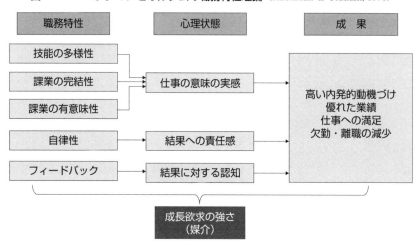

様性」「課業の完結性」「課業の有意味性」「自律性」「フィードバック」の5つを挙げています。これらの特徴を持つ仕事をしているとき，人は意味を実感しやすくなります。

　1つ目の「技能の多様性」とは，仕事の幅の広さ・複雑さのことです。単調な仕事よりも，複雑で幅広い技術が求められる仕事に従事するほうが，刺激がありますし，仕事に深みが感じられるものです。

　2つ目の「課業の完結性」とは，仕事を最初から最後まで一貫して担当できることです。一部分の仕事だけを切り出して担当するよりも，一つのまとまりを持った仕事を全体として担当するほうが，仕事の意味を理解しやすくなります。

　3つ目の「課業の有意味性」とは，組織内外の関係者に対する貢献を実感できることです。自分が担当している仕事が誰かの役に立っていることが実感できれば，仕事にやりがいを感じることができるというのは，皆さんも想像しやすいと思います。

　4つ目の「自律性」とは，仕事の中で工夫や自由裁量の余地があることです。言われたことをただ単に実行するのではなく，自分の考えやアイデアに基づ

いて自律的に進められるほうが，仕事に対する意欲が高まりやすいと言えます。

　最後の「フィードバック」とは，仕事の結果や成果についての情報が適宜得られることを表します。自分が担当した業務について，「この点が良かった」「この点は今後こう改善してほしい」というように関係者からフィードバックが得られると，気づきや学びも大きく，やりがいを感じやすくなります。

　皆さんが仕事や学業など何かの課題に取り組む際には，この5つの要素が現在の環境に備わっているかを確認してみることが有効です。もし5つの要素のいずれかが満たされていないという場合には，その要素が満たされるように現状を変える努力や工夫・改善を行い，可能な限り環境を良好に整えるようにしましょう。そうすることで，自分自身のモチベーションが向上する可能性が高まります。

(2)　過程的アプローチ：モチベーションを維持継続させるための プロセスに関する理論

　モチベーションに関する理論には，もうひとつの流れがあります。「人のモチベーションがどのような仕組みやプロセスによって維持・継続するのか」ということに焦点を当てるもので，「過程的アプローチ」と呼ばれます。この立場からもさまざまな理論が提唱されていますが，ここでは代表的な理論として，「衡平理論」「期待理論」「目標設定理論」の3つを取り上げます。

①アダムスの衡平理論

　最初に紹介するのは「衡平理論」です。アダムス（Adams, 1965）が提唱したこの理論は，自分が行った努力（Input）と，それによって得られた報酬（Output）のバランスに注目するもので，両者の間にバランスが取れているかどうかを判断する際に，人は他者と自分とを比較しているとされます（社会的比較）。

　図11-2を見てください。「行動」を分母に取り，その行動の結果として得られた「報酬」を分子として割り算を行ったとき，その比率が自分と他者と

図 11-2　アダムスの衡平理論 (Adams, 1955)

でバランスが取れていると感じられるならば（図の上段：衡平感がある状態），人は現在の行動を続けようとします。反対に，その比率が自分と他者とでアンバランスであると感じられるならば（図の下段：衡平感がない状態），人は現在のアンバランスな状態が改善されるように，自分の行動を変えたり，自分の認知を修正したりする調整行動を取ります。

　現状がアンバランス（不衡平）だと感じた際の調整行動には，複数の方法がありますが，ここでは説明のために，自分と友人の勉強量とその成果であるテストの結果とを比較するケースを取り上げます。

　自分のほうが友人よりも長時間勉強したにもかかわらず，テストの結果は自分よりも友人のほうが高かったとします。この不均衡を調整するためには，いくつかの方法があります。たとえば，「勉強しても結果が出ないのだから，今後は一生懸命に勉強するのはやめよう」と，自分の行動を変えるというやり方が考えられます。この場合は，図 11-2 の式の左側の比率の分母である，「自分の行動」を変化させることになります。

　また，「友人は勉強していないように見えたが，実は自分の知らないところで頑張っていたのに違いない。自分は努力不足だった」と，自分の認知を改めるというやり方も考えられます。この場合は，図 11-2 の式の右側比率の分母である，「他者（友人）の行動」に関する認知を変えるということになります。さらに，「テストの得点が重要なのでなく，自分にとっては勉強することで自身の学力を高めたことに意味があるのだ」というように，自分の考え方を変えることで，図 11-2 の左側の比率の分子である「自分の報酬」の意味づけを変えてしまう，という調整のやり方もあります。

　このように，現状がアンバランス（不衡平）であると感じた際の調整行動

第Ⅴ部

には，さまざまな方法があるということを理解しておいてください。たとえ
ば，自分の努力（Input）を高めたり，低めたり，あるいはまた努力（Input）
や報酬（Output）に関わる見方，自分の中での意味を変えるなどです。

　アダムスの「衡平理論」は，自分の行動とそれによって得られた報酬のバ
ランスにより，その後のモチベーションや行動の維持・継続が決まるという
機械的な理論のように見えますが，自分自身を振り返ってみるとき，皆さん
も「無意識のうちにライバルや周囲の人と自分を比較して，このような考え
方をしていることが確かにあるな」と感じることが多いのではないでしょう
か。人と自分を比べることが悪いということではありませんが，周囲との比
較にとらわれすぎると，それが足かせとなりモチベーションに悪影響を与え
てしまうことがあります。「衡平理論」の仕組みをよく理解しておくことで，
必要以上に人と自分を比較してしまうのを避けることができたり，アンバラ
ンスな状態を調整する際の行動に対して自覚的になることで，自分にとって
先々のメリットに繋がるより良い効果的な行動や対応を選択できるようにな
ると考えられます。

②ブルームの期待理論

　２つ目は，ブルーム（Vroom, 1964）が提唱した「期待理論」です（図
11-3）。この理論は，人が行動を起こそうとする際に，その行動によって得
られる「結果の魅力」と「行動が結果へと結びつく可能性」の２つを考えて
いるという，認知的なプロセスを表したものです。非常に合理的な考え方で
あるため，職業選択や意思決定に関する理論やモデルの中にも，この「期待
理論」の考え方が一部組み込まれています。

　人が行動を起こす際には目的があり，行動の結果として何らかのメリット
の獲得を目指していると考えるのは，自然な仮定です。一方で，どれほどメ
リットが大きいとしても，目的を達成できなければそれは「絵に描いた餅」
ですので，その行動により目的が達成できる可能性がどの程度あるかという
ことも，人は当然同時に推し量っていると想像できます。そこで，この２つ
を掛け合わせて，「得られるメリットの魅力が大きく，かつ行動を起こせば

図11-3　ブルームの期待理論 (Vroom, 1964)

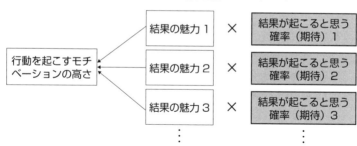

行動を起こすモチベーションの高さ＝Σ{ 結果の魅力 × 主観的な確率（期待）}

高い確度で結果が得られる」という場合にその行動が生じる，という考えがこの理論の骨格となっています。

　行動によって生じる結果は通常複数ありますので，ある行動を起こそうとするモチベーションは，「行動によって得られる結果の魅力の大きさ」と，「行動によってその結果が生じる確率（期待）」との積和（個々に掛け算を行い，その結果を足し合わせた値）として表すことができます。

　図11-3では「結果」から「行動」に向かって矢印が引かれていますが，これは行動によって得られると想像される結果の魅力が大きく，また，行動によってそれらの結果が生じる可能性が高いほど，その行動が起こりやすいという関係を表しています。

　期待理論を理解しておくことは，たとえば目標に向かう意欲が湧かない，やる気が出ないという場面に出くわしたときなどに，自分が今目指している目標に，どのような魅力や価値があるのかを改めて意識する際に役立ちます。結果の魅力は，その行動によって生じるすべての結果の和となりますので，その行動を取ることでどのようなメリットが得られるのかをできるだけ正確に洗い出し，その魅力を的確に見極めることが重要になります。

　また，この理論は，自分が今取っている行動が，目標とする結果につながるものであるということを，常に意識する（期待＝主観的な確率を高める）ことの重要性を教えてくれます。もし，現状の行動では，目標とする結果に結びつきにくいと感じるときには，改めて自身の行動を見直してみることが

必要となりますが，そのことに気づく機会を期待理論が提示してくれるという利点があるのです。

③ロックの目標設定理論

　最後は，ロック（Locke, 1970）が提唱した「目標設定理論」です（図11-4）。この理論は，具体的で困難な目標設定が，課題達成の動機づけを強め業績を向上させるとするもので，目標設定が持つ効果については，交渉，教員の研究活動，健康管理，管理者訓練など，さまざまな現実の場面で実証されています（Locke & Latham, 1990）。皆さんも，何か行動を起こすときに，目標を明確に定めることで，「達成に向けて真剣に取り組もう」という気持ちが高まったという経験であったり，目標を意識することで「最後まで頑張ろう」と努力を継続できたりという経験があるのではないでしょうか。このように，適切な目標設定がモチベーションを高め，目標に向かう行動を持続させるというのが，この理論の考え方になります。

　それでは，高い成果につながりやすい効果的な目標とは，どのようなものでしょうか。目標設定理論によれば，目標が具体的なものであること，目標が困難なものであることの，2つが重要だとされています。たとえば，「今日の試合ではベストを尽くそう」という曖昧な目標よりも，「今日の試合で

図11-4　目標設定モデルによるモチベーション過程

（Locke, 1970；田尾，1993を元に作成）

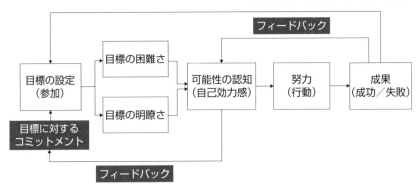

は必ず2点のゴールを決めよう」という具体的な目標のほうが，より高い成果に結びつきやすく，また，簡単に達成できるような難度が低い目標よりも，達成するのが困難な難度が高い目標のほうが挑戦し甲斐もあり，高いモチベーションに結びつくものと考えられています。

　ただし，目標が有効に機能するためには，前提となる3つの要素が満たされていることが必要です。その3つとは，「目標の受容」「自己効力感」「フィードバック」です。

　まず第1に，目標がモチベーションを引き出すためには，本人がその目標を受け入れて，それにコミットしていることが必要です。どんなに高い目標を設定したとしてしても，「この目標は押し付けられたもので自分とは関係ない」と本人が思っているのでは，効果は発揮されません。目標の内容についても，設定のプロセスについても，「この目標を必ず達成しよう」と本人が思えるような納得できる形で定める必要があります。

　第2に，「努力すればこの目標はきっと達成できる」と本人が効力感を持てることが大切です。「どうせこの目標を達成するのは無理だ」と本人が思ってしまえば，目標がモチベーションを高めるという効果は期待できません。「確かに難しい目標だが，頑張れば自分には達成できる可能性がある」と思えるような水準で，できるだけ高い目標を設定するというのが，2つ目のポイントです。

　最後に，目標へと向かう道のりの中で，今自分がどのあたりの位置にいるのか，現状と目標達成までの距離感を確認するための情報が，適宜フィードバックされることが大切です。フィードバックにより，「道のりはもうここまできている」という現状を意識できれば，手ごたえを感じられます。また，現状と目標達成までの距離を的確に捉えることができれば，「ここから先はこのような手段で達成を目指そう」と，改めて計画を立て直したり，軌道修正を行うことも容易になります。

　上で説明した3つの要素は，目標設定の際に重要なものですが，それだけではなく行動を開始した後にも，目標に向かう努力を継続するうえで，この3要素が確保されていることが大切になります。目標の達成を目指す試行錯

第V部

誤のプロセスの中では，常にこの３つの観点を意識するようにし，必要に応じて打ち手を講じていくことが求められます。

3. モチベーション・マネジメントの重要性

　人生の中で何らかの目標に向かって努力していくことが求められるときに，「やらなければいけないとはわかっていても，どうしてもやる気が出ない」という経験は，どのような人にも必ずあります。そういう場面に出くわした際に，ここで紹介した理論や知見を理解しているかどうかによって，対応に大きな違いが生じます。

(1)　過程的アプローチを使う

　たとえば，高い目標を目指して長期間努力を継続しているのに，なかなか結果がともわなず，モチベーションが下がってしまうというケースはよくあります。このようなときは，「目標設定理論」のフレームを用いて，自分の現状を振り返ってみるのが有効です。「目指している目標に対して，自分は本当にコミットしているだろうか」「自分はこの目標を達成できると本気で思えているだろうか」と，自らに問いかけてみましょう。そうすることで，現在の目標を本音では受容できていない自分の姿が見えてきたり，「どうせ達成するのは無理だ」と，心のどこかで諦めてしまっていることに気づくかもしれません。

　目標に対するコミットメントを高めるうえでは，「期待理論」の考え方が参考になります。自分にとっての「目標」の魅力は，それが実現したときに得られる結果の魅力の大きさに影響されますので，目標を達成することでどれだけ嬉しいことが生じるかを，できるだけ具体的に思い浮かべることが大切です。その時点ではまだ，自分には気づけていないメリットが実は隠れているというケースも多いので，経験豊かな人にアドバイスを求めてみるのもひとつの有効な方法です。

　また，現状の進捗状況や目標達成までの距離感を正確に把握できていない

ことが，意欲が高まらない原因になっている場合もあります。このようなときは，自分自身の現状についての振り返りを行って，必要ならば目標自体を修正したり，気持ちを切り替えて再度真剣に目標に向かい直したり，正確なフィードバックが適宜得られるような環境を構築するなど，さまざまな打ち手を講じることで，モチベーションを向上させていける可能性があります。

　さらに，「知らず知らずのうちに，他者と自分を比べてしまっていないか」と振り返ってみることが，有効な場合もあります。「自分はこんなに頑張っているのに結果が出ない。友人の〇〇さんは良い結果を出しているのに……」と感じている自分に気づいたときには，「衡平理論」を思い出すとよいでしょう。理論の枠組みを用いて，自分がどのように現状を捉えているかを振り返り，客観的な視点から自身の思考を捉え直すことによって，見落としていた事実に気づいたり，自分の認知がやや偏っていたということを自覚できるかもしれません。

　こうした振り返りを行うことによって，長期的な視点で自分にとってメリットのある考え方をすることができるようになれば，モチベーションを高めることにつながります。

(2)　内容的アプローチを使う

　ここまで「過程的アプローチ」の理論を例として取り上げてきましたが，「なぜやる気が出ないのだろう」という理由を探るうえで，「内容的アプローチ」の理論もまた，多くのヒントを与えてくれます。

　具体的には，「自分は何がしたいのか」という問いへの答えを見つけることができれば，目標を定めやすくなるため，結果としてモチベーションが高まりやすくなります。このときには，マズローの欲求のフレームが参考になります。今自分が求めていることは，「報酬を増やし豊かな生活を送ること」なのか，「仲間や家族との絆や関係を深めること」なのか，あるいはまた「自分の夢や理想に近づくこと」なのかなど，自分自身の欲求について考え，理解する際の枠組みとなるからです。

　また，原因は環境や仕事の側にあるかもしれません。もし，仕事に対して

意欲が高まらないという状況にあるのならば,「動機づけ‐衛生理論」や「職務特性理論」のフレームに照らして,現在自分が置かれている状況を振り返ることで,今後どの要素について状況の改善を目指していけばよいのか,考える手がかりを見つけることができるでしょう。

　このように,心理学の理論をしっかりと理解し自分のものとすることで,壁にぶつかったり,やる気の面で行き詰ってしまった際にも,自分のモチベーションを良好に保つための対策や打ち手を考えることができるようになります。自分のモチベーションを適切に管理し,コントロールする力である「モチベーション・マネジメント」は,仕事や学業に取り組むうえでも,日常生活を行ううえでも,とても大切なスキルです。人生の中でさまざまな経験を積み重ねることで高まっていくものであり,一朝一夕に身に付けられるものではありませんが,心理学の理論をヒントや手がかりにすることができる皆さんは,それだけ有利な立場にいると言えます。

　この章で学んださまざまな理論を,日々の生活の中で出くわすモチベーションに関する悩みや問題に対して,自分なりに応用してみることで,きっとこれまでよりも効果的にスキルを向上させていくことができるでしょう。理論を理解していることが,スキルを向上させるための有力なサポートになるのです。

第Ⅴ部のまとめ
SUMMARY

■働くうえで成果（パフォーマンス）を挙げるために必要な要因は,能力,モチベーション,機会の3つであり,成果はこの3要因の掛け算で表されます。充実したキャリアを実現していくために個人ができることは,継続的に自己の能力を高めていく努力と,仕事に向かう意欲を高いレベルで維持することです。

■成果を生み出すための能力は,3層で構成される氷山モデルによって表すことができます。すなわち,土台となるポテンシャルとしての「一般知的能力」,経験や学習を通じて獲得された「知識・スキル・専門能力（KSA）」,総合的な能力である「コンピテンシー」の3つです。

■企業人としての初期キャリアで求められる職業能力（コンピテンシー）は,大きくは,「課題解決に関する能力」「人間関係構築やコミュニケーションに関する能力」「自己管理に関する能力」「キャリア観とキャリアプランニングに関する能力」の4つで捉えられます。

■モチベーションに関する理論には,「モチベーションを生じさせる要因」に注目する理論（内容的アプローチ）と,「モチベーションを維持継続させるためのプロセス」に注目する理論（過程的アプローチ）の2つがあります。壁にぶつかったり,やる気が出なかったりするときなどには,これらの理論を参考にして,自分の心の状態や今置かれている環境について見つめ直して,モチベーションの維持・向上につながる適切な打ち手を考えていくとよいでしょう。

第
Ⅴ
部

第 VI 部　持続的なキャリア形成に向けて

―――持続的なキャリア形成のために重要なこと―――

　20 歳前後で社会に出て，60 ～ 70 歳頃まで働き続けるとするならば，仕事をしている期間は 40 年間を越えることになります。これだけ長い期間にわたり，モチベーションを維持しながら仕事に取り組み，人生のさまざまな課題を乗り越えていくことが求められるのですから，キャリアというのはまさにマラソンのようなものです。充実したキャリアを形作っていくためには，長期的な視点が必要になりますし，そのためには途中で息切れしたり，燃え尽きてしまったりしないようにすることが非常に大切です。

　ここでは，長期的な視点で充実したキャリアを築いていくうえで大切な 2 つのテーマである，「ストレス・マネジメント」と「ワーク・ライフ・バランス」を取り上げます。近年では，「職業性ストレス」と呼ばれる働くうえでの心への負担が大きくなり，職場におけるメンタルヘルス不調者の増加が，大きな問題となっています。心や体の病や不調という状態に陥らずに，長期にわたって健康的に働いていくためには，自分自身の心身の状態を正確に把握・モニタリングし，必要なときにはきちんとケアを行う「ストレス・マネジメント」が非常に大切になります。

　もうひとつ，日々の生活が仕事中心のワークキャリアに偏りすぎないように留意することも，忘れてはならない重要な視点です。仕事以外のさまざまな事柄についても大切にする，ライフキャリアの視点をしっかりと持ち，仕事と生活の間で適切なバランスをとっていく姿勢を身に付けることも大変重要なことです。

　それでは，この 2 つについて詳しく見ていきましょう。

1. 高まるメンタルヘルスの重要性

　社会のグローバル化やIT化の進展にともない，働く人を取り巻く環境は，変化がとても激しくなっています。仕事を行ううえで身に付ける必要のある知識や技術・スキルはどんどん増え，仕事の内容はより高度に，そして複雑になっています。また，企業の競争環境の激化を受け，働く人にはより高い生産性の発揮が求められるようになっており，職場には競争的な環境が生まれ，人間関係も希薄になってきています。

　このような状況を背景に，働く人が感じるストレスは，社会全体として高止まっています。図12-1は，厚生労働省が行った，組織で働く約1万名を対象にした調査結果（労働安全衛生調査）の一部です。年によって比率の変動がありますが，これを見ると6割前後の人たちが，仕事や職業生活に関することで強いストレスを感じているという現状がわかります。また，表12-1は，上場企業を対象にして行われた調査結果（労務行政研究所，2010）の一部です。この調査が行われた当時，約45%の企業において，メンタルヘルス不調者の数が増加傾向にあったことが確認できます。2010（平成22）年以降は増加傾向はやや頭打ちになってきていますが，依然として企業におけるメンタルヘルス不調の問題は，大きな経営課題のひとつであり続けています。

　このような状況を受け，働く人たちのメンタルヘルスの維持向上を支援するために法整備が行われた結果，従業員に対する定期的なストレスチェックの実施が，企業に義務づけられるようになりました（改正労働安全衛生法

図12-1　**強いストレスを感じている労働者の割合**（厚生労働省，2022他を元に作成）

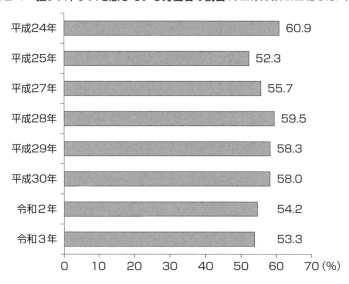

〈2015年〉）。企業側も，さまざまな形でメンタルヘルスへの対策や予防策を
講じるようになってきており，ストレスが原因で生じるメンタルヘルス問題
への対処や予防については，少しずつですが社会的な環境が整備されつつあ
ります。

　しかしながら，長期にわたって心身のコンディションを良好な状態に保ち，
健康で健全なワークキャリアを築いていくためには，行政や企業の施策に
頼っているだけでは不十分であり，働く人たち自身が自分で心や体の状態管
理をしっかりと行い，必要な場合はきちんとしたケアを行っていくことが大
切です。とりわけ，働くうえで避けて通ることができない仕事上のストレス
と，いかに上手に付き合うことができるか，適切にコントロールできるかと
いう観点，すなわち「ストレス・マネジメント」ということが，極めて重要
になります。

第Ⅵ部

表 12-1　企業におけるメンタルヘルス不調者の増減傾向（　）内は企業数

区　　　　分		全　産　業				製造業	非製造業
		規模計	1,000人以上	300〜999人	300人未満		
合　　　　計		(252) 100.0%	(79) 100.0%	(86) 100.0%	(87) 100.0%	(122) 100.0%	(130) 100.0%
増加している		44.4%	50.6%	50.0%	33.3%	40.2%	48.5%
横ばい		33.7%	36.7%	36.0%	28.7%	35.2%	32.3%
減少している		9.5%	11.4%	7.0%	10.3%	13.9%	5.4%
その他		1.6%		1.2%	3.4%	0.8%	2.3%
分からない		10.7%	1.3%	5.8%	24.1%	9.8%	11.5%
「増加している」場合，特に増加が目立つ年代層（複数回答）	小　　　計	(110) 100.0%	(39) 100.0%	(42) 100.0%	(29) 100.0%	(47) 100.0%	(63) 100.0%
	20　　　代	47.3%	43.6%	50.0%	48.3%	38.3%	54.0%
	30　　〃	48.2%	46.2%	52.4%	44.8%	48.9%	47.6%
	40　　〃	21.8%	28.2%	26.2%	6.9%	27.7%	17.5%
	50　　〃	2.7%	5.1%	2.4%		2.1%	3.2%
	年代に関係なく増加	23.6%	25.6%	19.0%	27.6%	23.4%	23.8%

（労務行政研究所，2010）

2．ストレスとその特徴

(1)　ストレスとは何か

①生理学的なストレス：セリエの理論

　日常生活の中でも非常によく使われている「ストレス」という言葉ですが，元々は物理学の分野で使用されていたものであり，外からかけられた力による物質内部の歪みのことを意味していました。それを，生理学者のセリエ（Selye, 1936）が人や生命体に対して適用し，環境が持つ刺激が人にもたらす身体の非特異的な反応のこと指して，「ストレス」と呼ぶようになりました。

「非特異的な」という言葉がわかりにくいですが，特定の原因だけでなく，さまざまな原因によって生じるものという意味です。

　セリエは，人に緊張や歪みを引き起こすような環境からの刺激負荷を「ストレス要因（ストレッサー）」，これらの刺激に適応しようとして生じる防衛反応のことを「ストレス反応（ストレイン）」と名付けました。人の心身をボールに喩えるならば，「ストレス要因」とはこのボールを押さえつける指の力を表し，その指の圧力によってボールが歪みへこんだ状態が「ストレス反応」を表しています（図 12-2）。

　人はストレスを受けたときに，それに対処するための抵抗力を持っています。ストレス要因による刺激が持続的に与えられると，初期には一時的に身体の抵抗力が低下しますが，その後次第に環境に適応していくことで抵抗力が高まっていき，その状態が維持されるようになります。しかし，刺激がさらに続き，一定の限界を超えると抵抗力は再び低下し，人はストレス要因に耐えきれなくなって病気になるなど，さまざまな適応障害が生じるとされま

図 12-2　ストレス要因とストレス反応

ストレス要因

ボールを
押さえつける力

ストレス反応

ボールの
歪み

第Ⅵ部

す。セリエの理論は，ストレスの過程を適応のメカニズムとして捉えたという点に特徴があり，ストレッサーと身体の疾患や健康状態との関係，生理学的なストレス全般のメカニズムに焦点を当てたものですが，心理学的なストレスについて考慮したものではありませんでした。

②心理的ストレス：ラザルスの理論

　心理学者のラザルス（Lazarus, 1966）は，生理学の領域を中心に構築されてきた，セリエの古典的なストレス概念の枠を心理的な過程に広げ，「心理的ストレス」という概念を提唱しました。心理的ストレスは「人間と環境の間の特定な関係であり，その関係とは，その人の原動力（人的資源）に負担をかけたり，その人の資源を超えたり，幸福を脅かしたりすると評価されるものである」と定義されます。なお，定義中の「原動力」とは，その人が保有している環境に対応するためのエネルギーやスキルのことを意味しています。ラザルスによれば，環境からの刺激負荷であるストレッサーと，結果として生じるストレスとを分けて考えるべきではなく，ストレスは人間と環境の相互作用によって生じるものとされます。

　言い換えると，外部環境からの刺激に遭遇したとき，個人がそのストレス発生の原因となる状況をどう受け止め，どのように評価するかという心理的な過程が重要になるということです。

(2)　ストレス・コーピング

　人はストレスとなり得る出来事に対して受け身でいるだけの存在ではなく，適切な対処行動をとることによって，個人と環境の関係性を変えていくことができますが，このストレスへの対処行動のことを，「ストレス・コーピング」と呼びます。

　ストレス・コーピングには，大きく2つのアプローチがあります。1つは，ストレス要因自体に直接アプローチしようとする「問題焦点型コーピング（Problem focused coping）」であり，もう1つが，自分自身の考え方や感じ方である認知的側面にアプローチしようとする「情動焦点型コーピング

（Emotion focused coping)」です。「情動焦点型」のアプローチは，物事の見方を変えるなど認知的に処理する方法と，支援者を探したり，別の方法で憂さ晴らしたりするなど行動的に処理する方法の，2つに分かれます。ストレス・コーピングについては次節で改めて詳しく取り上げます。

(3)　ストレスが持つ両価性

　さてここで，ストレスが持つ少し意外な特徴について述べておきます。ストレスと聞くと何か悪いもののように感じてしまいますが，実はそれだけではありません。ストレスというのは，それが過剰にかかっている状態が続けば不調や疾患に結びついてしまうというネガティブな面を持つものですが，一方でまた，ストレスがまったくない環境よりは，適度な量のストレスがかかっている環境のほうが生産性が高まり，より良い結果につながるというポジティブな面も持っているのです。

　図 12-3 は，ヤーキーズとドットソン（Yerkes & Dodson, 1908）の研究に基づいて，ストレスとパフォーマンスの関係を表したモデルです。この図から見て取れるように，ストレスが少な過ぎる状況では，緊張感に欠けてしまうためパフォーマンスはあまり高くなりません。これに対して，適度のストレスがかかり，程よい緊張を感じながら仕事や課題に取り組むときには，集中力が高まり，良いアイデアも生まれやすくなります。しかしながら，ス

図 12-3　ストレスとパフォーマンスの関係モデル

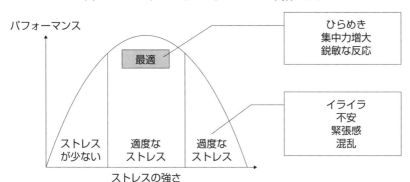

トレスがさらに強くなり，そのレベルがある限界を超えてしまうと，強度の緊張や不安，イライラ感などが生じて生産性は低下してしまいます。

　このように，ストレスというものは，人間にとってただ悪いだけのネガティブな存在というわけではなく，その程度や量を適切にコントロールすることができるのであれば，人の生産性や能率を高めることに寄与する，ポジティブな働きをすることもあるものなのです。

　セリエは，同じストレス刺激でも，その程度や強さ，受け手側の生体条件によって，良いストレス（Eustress）にも悪いストレス（Distress）にもなり得ると述べています。ストレスをただ単に避けるという姿勢ではなく，自分にとって良いストレスを感じられる機会を増やし，悪いストレスが過剰になるという状況に陥らないよう，環境や自己の状態を適切に管理していくという姿勢が大切になります。

(4)　良い出来事もストレスになり得る

　表12-2は，ホームズとレイ（Holmes & Rahe,1967）が開発した「社会的再適応評価尺度」と呼ばれるもので，人生の中で生じるさまざまな出来事や変化を「ライフイベント」と名付け，その代表的なものを一覧にしたものです。

　表中に記されている点数は，その出来事により生じる状況に適応するために変えなければならない生活パターンの調整量を，「夫／妻の死」を100として算定された値になっており，この点数が合計で300を超えると，約8割の人に健康上の障害が起きるという調査結果が報告されています。

　ここで注目していただきたいのは，表中のライフイベントには，悪い出来事だけでなく，一般的には好ましいとされる出来事（網かけで示されている部分）も含まれていることです。人間にとって変化というのは，それが良いものであっても悪いものであってもストレスをともなうものであり，心身のバランスを崩す原因となる可能性を有しています。

　人生の大きなイベントが一時に重なって起こるような場合，たとえそれが「結婚」「出産」「輝かしい成功」のような良い出来事であったとしても，大

表 12-2　社会的再適応評価尺度

順位	出来事	点数	順位	出来事	点数
1	夫／妻の死	100	23	子どもが家を出る	29
2	離婚	73	24	親戚とのトラブル	29
3	夫婦の別居	65	25	輝かしい成功をおさめる	28
4	刑務所などへの拘留	63	26	妻の就職や離職	26
5	肉親の死	63	27	修学・卒業・退学	26
6	けがや病気	53	28	生活の変化	25
7	結婚	50	29	習慣の変更	24
8	解雇	47	30	上司とのトラブル	23
9	夫婦の和解	45	31	勤務時間や勤務条件の変化	20
10	退職	45	32	転居	20
11	家族の病気	44	33	転校	20
12	妊娠	40	34	趣味やレジャーの変化	19
13	性の悩み	39	35	宗教活動の変化	19
14	家族が増える	39	36	社会活動の変化	18
15	仕事の変化	39	37	1万ドル以下の抵当（借金）	17
16	経済状態の変化	38	38	睡眠習慣の変化	16
17	親友の死	37	39	家族団らんの回数の変化	15
18	転職	36	40	食習慣の変化	15
19	夫婦げんかの回数の変化	35	41	長期休暇	13
20	1万ドル以上の抵当（借金）	31	42	クリスマス	12
21	担保，貸付金の損失	30	43	ちょっとした法律違反	11
22	仕事上の責任の変化	29			

（Holmes & Rahe, 1967）

きなストレスが累積している可能性があるということを意識しておくことが重要です。このことを理解するうえで，ホームズとレイのこの尺度は，非常に示唆に富むものだということができます。

3. 職業性ストレスに関する理論

　ここまで，ストレスとは何か，またその特徴について見てきました。ストレスにはさまざまなものがありますが，職業あるいは職業生活に関連したストレスのことを，特に「職業性ストレス」と呼びます。職業性ストレスについては，これまでに数多くの心理学的研究が行われており，さまざまな理論が提示されています。

　以下では，この領域における代表的な理論である，「因果関係モデル」「調整要因モデル（NIOSH モデル）」「仕事の要求 - コントロールモデル」の3つを取り上げて説明します。

(1) 因果関係モデル

　最初は「因果関係モデル」です。この理論はクーパーとマーシャル（Cooper & Marshall, 1976）が提示したもので，仕事や職場におけるさまざまなストレス要因が原因となり，結果としてメンタルヘルス不調や心臓疾患という症状が生じるという関係を表現したモデルになっています（図 12-4）。原因と結果の構造をわかりやすく表しているため，因果関係モデルと呼ばれます。

　ストレス要因としては，①職務固有の性質，②組織内の役割，③キャリア発達，④職場の人間関係，⑤組織構造・風土の5つが挙げられていますが，この分類は職業性ストレスの問題を扱う際のベースとして汎用性が高く，有効なフレームです。

　理解しやすくするために，それぞれの要因について例を挙げると，①仕事の量が多く忙しすぎるとき，②仕事を進めていくなかで自分が何をすればよいのか役割があいまいなとき，③会社の経営状態が悪く職を失ってしまう恐れがある環境で働くとき，④メンバー同士の対立や不和が多い職場で働くとき，⑤仕事を進めるうえで自分の意見が意思決定に反映されないとき，といった具体的な場面が考えられます。これらが要因となって，人が働くことに対してストレスを感じるというのは納得できます。

図 12-4　因果関係モデル（Cooper & Marshall, 1976）

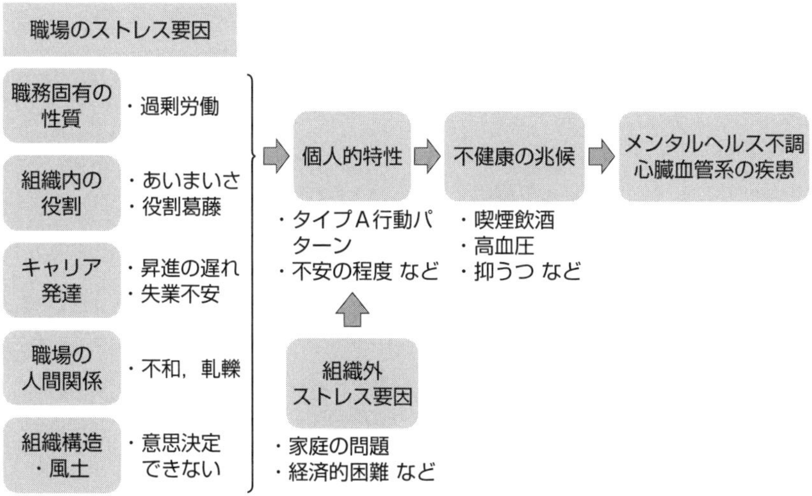

職場のストレス要因	
職務固有の性質	・過剰労働
組織内の役割	・あいまいさ ・役割葛藤
キャリア発達	・昇進の遅れ ・失業不安
職場の人間関係	・不和，軋轢
組織構造・風土	・意思決定できない

個人的特性 → 不健康の兆候 → メンタルヘルス不調　心臓血管系の疾患

・タイプA行動パターン
・不安の程度 など

・喫煙飲酒
・高血圧
・抑うつ など

組織外ストレス要因

・家庭の問題
・経済的困難 など

　ストレス要因が原因となり結果としての不調や疾患が生じるまでの間には，性格や行動パターンという「個人的特性」が，媒介変数として組み込まれています。たとえば「タイプA（行動パターン）」と呼ばれる，競争的・野心的で常に時間に追われるような性急な行動傾向を持つ人は，そうでない人に比べて狭心症などの心疾患に罹る率が高いことがわかっています（Friedman & Rosenman, 1959）。このように物理的には同じ環境で，同様のストレス要因にさらされていたとしても，結果として生じる疾病などのストレス反応に差が見られるのは，この個人的特性が媒介していることによります。

(2)　調整要因モデル

　次に紹介する「調整要因モデル」は，米国国立労働安全衛生研究所（National Institute for Occupational Safety and Health）が作成したもので，この研究所の頭文字をとって「NIOSH モデル」とも呼ばれています（図 12-5）。
　クーパーの「因果関係モデル」の中でも，個人的特性が媒介変数として設

第Ⅵ部

図12-5 調整要因モデル（Hurrell & McLancy, 1988）

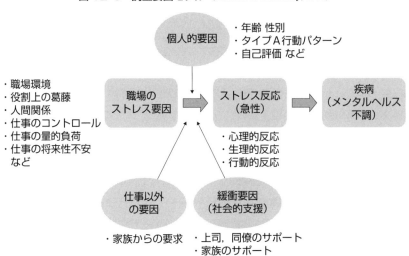

定されていましたが，この「調整要因モデル」では，職場のストレス要因と
ストレス反応の間の因果関係に影響を与える「調整要因」の重要性が，一層
強調されています。なかでも，家族からの要求である「仕事以外の要因」と，
上司・同僚・家族からの社会的支援である「緩衝要因」の2つが，モデルに
組み入れられていることが大きな特徴です。

　現実場面では職場のストレス要因については，それ自体を無くしたり低減
したりすることが難しいというケースが多々ありますが，そういうときには，
原因そのものであるストレス要因に対してではなく，原因と結果（ストレス
反応）を媒介している調整要因に手を打つことにより，状態を改善できると
いうことをこのモデルは示しています。

　例として，上司・同僚のサポートや，家族のサポートといった「緩衝要因」
を取り上げて考えてみましょう。たとえば，仕事上で大変難しい事案を担当
することになり，大きな壁にぶつかって悩んでしまうという状態になったと
しても，上司や同僚が励ましてくれたり，親身になって適切なアドバイスを
提供してくれたりすることで，問題が前に進むこともあるでしょう。また，

仕事で悩んでいるときに，家族が話を聞いてくれたり，相談に乗ってくれたりすることが心の支えとなり，前向きな気持ちを取り戻せるということもあるでしょう。

　このように，「調整要因モデル」は，ストレス要因に直接働きかけるという対処だけでなく，他のさまざまな形でストレス反応を軽減する方法がある，ということを示してくれるモデルです。そのため，現実場面でメンタルヘルス問題に取り組む際に，その対処についての理論的な基盤を提供してくれるものとなっています。

(3)　仕事の要求 - コントロールモデル

　最後は「仕事の要求 - コントロールモデル」です。この理論はカラセック他（Karasek & Theorell, 1990）が提唱したもので，仕事の量的負荷や職場の人間関係の葛藤などから生じるストレス要因である「仕事の要求」と，働く人が自分の仕事や行為に対して行使することができる統制の程度である「職務裁量の範囲（コントロール）」の，2つの変数の水準の高低の組み合わせによって，精神的・身体的健康やモチベーションが決定されるとするものです（図 12-6）。

　横軸の「仕事の要求」は，仕事の負荷や，人間関係の葛藤からなるストレス要因なので，働く人にとってネガティブな影響を与える軸，と考えることができます。一方，縦軸の「職務裁量の範囲（コントロール）」は，仕事上での自由度がどのくらいあるかという働く人が持つ職務に関する決定権限と，職務上で用いる技術やスキルの広さの2つで構成されます。この2つの要素は，第5章で紹介したハックマンとオルダムの「職務特性理論」における，働く人のモチベーションにつながる5つの職務特性の中の，「自律性」と「技能の多様性」にそれぞれ概念的に対応しますので，「職務裁量の範囲（コントロール）」は，働く人にとってポジティブな影響を与える軸と考えることができます。

　図 12-6 を見てください。この図の右下の象限は，「仕事の要求」が高く，「職務裁量の範囲（コントロール）」が低いゾーンです。仕事で要求されるレベ

図 12-6　仕事の要求-コントロールモデル（Karasek & Theorell, 1990）

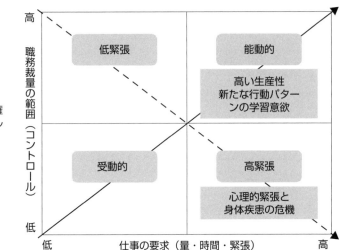

ルが高いにもかかわらず，自分で仕事を調整したり，自分の能力やスキルを
仕事で活用したりする範囲も狭いため，心理的な負担感やストレスが大きく，
心身の疾患の危機につながりやすい，「高緊張」な状態を表しています。

　一方，この図の右上の象限は，「仕事の要求」は高いけれども「職務裁量
の範囲（コントロール）」も高いゾーンになります。仕事の負荷は高い状況
にあるものの，自分で仕事の進め方やスケジュールを調整したりすることが
でき，また自分の能力やスキルを広く活用することができるため，心理的な
負担感は少なく，「能動的」に働くことができる状態を表しています。カラセッ
クらは「能動的」な職務の一例として，医師やカウンセラーという仕事を挙
げています。

　「仕事の要求－コントロールモデル」の最も大きな特徴は，ストレッサー
である「仕事の要求」というネガティブな要因だけでなく，「職務裁量の範
囲（コントロール）」というポジティブな要因が，働くうえでのストレスに
与える影響の重要性を示したことにあります。このモデルが提唱されたこと
が１つの契機となり，働く人の職務裁量権の拡大がメンタルヘルスへの対処

のために重要であるという考え方が，社会に浸透していくことにつながりました。

(4)　まとめ

　ここまで，職業性ストレスに関する代表的な理論について見てきました。さまざまな理論を理解しておくことで，ストレスに対処するためにはどのようなことが重要か，何を意識すればよいのかについてのヒントや示唆を得ることができます。

　たとえば「因果関係モデル」は，自分が今，仕事でどのようなことからストレスを受けているかを考える手がかりを提供してくれますし，「調整要因モデル」は，仕事上でストレスを感じているときに，周囲や家族に支援を求めることの大切さを教えてくれます。また「仕事の要求－コントロールモデル」は，仕事を進めるうえで，納期やスケジュールなどについて，自分でコントロールできる余地を一定の範囲で確保しておくことの重要性に気づかせてくれます。

　このように，職業性ストレスに関する理論は非常に実践的ですので，これらの理論を理解し，現実の場面で活用することにより，多くのメリットを得ることができます。

4．ストレス・マネジメントに向けて

　我々が仕事をしたり，生活していくうえで，ストレスは避けることのできないものです。理論を学ぶことでストレスがなぜ生じるのかという仕組みを理解するだけでなく，ストレスに上手に対処するための自分なりの手法やスキルを持っておくことができれば，自分が思い描くキャリアを構築していくうえで大きな助けとなります。

　以下では，自分自身のストレスを適切に管理していくうえで役に立つ，さまざまなスキルやノウハウを見ていきましょう。

第Ⅵ部

(1) ストレス・コーピング

前述したように，ストレスに対処するための行動のことを「ストレス・コーピング」と呼びます。ラザルスとフォークマン（Lazarus & Folkman, 1984）によれば，「ストレス・コーピング」には2つのアプローチがあります。1つは，ストレスの原因や問題それ自体に直接働きかけて，問題を処理しようとするやり方で，「問題焦点型コーピング（Problem focused coping）」と呼ばれるものです。もう1つは，問題自体にではなく，自分の考え方や感じ方に対して働きかけ，適切にコントロールしようとするやり方であり，「情動焦点型コーピング（Emotion focused coping）」と呼ばれます。

努力すればストレスの原因となっている問題自体を解決できるような場面では，「問題焦点型コーピング」が有効ですが，状況によっては自分の努力では何ともならないようなケースもあります。そのようなときには，自分の考え方を変える努力をしたり，気晴らしをしたり，身近な人に愚痴を聞いてもらうなどの「情動焦点型コーピング」を行うほうが，現実的な対処であることもあります。

(2) 問題焦点型コーピング

例を挙げて説明しましょう。ある会社で働いている若手社員のAさんが，上司のXさんから仕事について非常に厳しい指導を受けており，Aさんにとって Xさんがストレッサーとなっている状態だとします。このとき，ストレスの原因に直接働きかける「問題焦点型コーピング」を用いるなら，たとえば上司と面談する場を自ら設定して，上司のXさんに自分が今，精神的なストレスを感じていることを正直に伝え，「できればもう少し優しい態度で仕事の指導を行ってほしい」と要望するという方法が考えられます。

このやり方でうまくいくならば，ストレッサー自体が解消されますので非常によいのですが，現実の場面では，上司の指導方法に対して直接不満を述べるというのは，簡単なことではないかもしれません。また，Xさんが頑固な性格で，器が小さい人物であった場合，Aさんの要望を受け入れずに，状況がより悪化してしまうという恐れもあります。

(3)　情動焦点型コーピング

「問題焦点型コーピング」が使いにくい状況や場面では，自分自身の考え方や感じ方である認知的な側面に働きかける，「情動焦点型コーピング」を用いるのが有効です。

「情動焦点型コーピング」には，認知的な対処と，行動的な対処の2つがあります。「上司のXさんの自分に対する仕事の指導が厳しく，頻繁に指摘を受けるのは煩わしいと感じていたが，よく考えてみるとXさんは決して悪い人ではないし，厳しい態度での指導も，自分の成長を期待してあえて行ってくれているのかもしれない」というように，Xさんに対する自分の見方を変えるというのが，認知的な対処の例です。「情動焦点型コーピング」には，もう1つ別のやり方として行動的な対処もあり，たとえば，職場の同僚に声をかけて相談に乗ってもらったり，一緒に食事などに行って上司に対する愚痴や不満を聞いてもらったりという方法が，その一例となります。

(4)　自分に合うストレス・マネジメントの手法を見つける

ストレス・コーピングのやり方に正解はなく，こういうケースではこちらを使ったほうがよいという決まりもありませんが，1つの方法に頼るのではなく，複数のコーピング手法を使えるようにしておけば，さまざまな状況でストレスに対処するうえで有効な武器になります。表 12-3 は，ラザルスとフォークマンが示している「問題焦点型コーピング」と「情動焦点型コーピング」の具体例です。

ストレス・コーピングは，誰もが日常生活の中で用いているものです。ストレスが溜まったときには，美味しい食事に行くという人もいますし，友人とカラオケに行って歌うという人もいるでしょう。また，帰宅して早めに寝るようにして，嫌なことはその日のうちに忘れてしまう，という人もいるかもしれません。大切なことは，自分にとって効果的なストレスへの対処法を，日頃から持つようにしておくことです。どのようなやり方が自分に合うかは人それぞれですので，自分なりのストレス・マネジメントの手法を見つけておくことが重要になります。

第 VI 部

表 12-3　ストレス・コーピングの項目例

■問題焦点型コーピング
・行動計画を立ててそれを実行する。
・その問題について具体的に何かできる人に相談する。
・自分が信頼している知人や友人に助言を求める。

■情動焦点型コーピング
・気をまぎらすために何か他のことをする。
・自分自身が傷ついたりすることのないように，そのことに
　ついてはあまり考えないようにする。
・現実よりも良いひとときやそのような場所を空想したり，
　想像したりして過ごす。

(Lazarus & Folkman, 1984)

　自分に合うストレス・マネジメントの方法を見つけるための一助として，
「若者を支えるメンタルヘルスサイト」（厚生労働省）に掲載されている，「こ
ころと体のセルフケア」を紹介しておきます（表 12-4）。自分自身の心身の
健康を気づかい，適切に管理することを「セルフケア」と呼びますが，この
「こころと体のセルフケア」には，ストレスをため込まずにメンタルヘルス
を維持するための有効なノウハウが，6つにまとめられています。自分なり
のストレス解消法を見つける際の，ひとつの手がかりにしてください。

表 12-4　こころと体のセルフケア

① **体を動かす**
　運動には，ネガティブな気分を発散させ，こころと体をリラックスさせ，睡眠リズム
を整える作用があります。とくに効果的なのは，体の中に空気をたくさん取り入れなが
ら行う有酸素運動。軽いランニングやサイクリング，ダンスなどがそれです。それでも
ハードルが高いなと思ったら，近所を散歩したり，緑の多い公園などで，ちょっとアク
ティブにすごしたりするだけでも効果があります。1日20分を目安に，体がぽかぽか
して，汗ばむくらい続けてみましょう。

②　今の気持ちを書いてみる

　もやもやした気持ちを抱えて苦しいときは，それを「紙」に書いてみましょう。自分なりの言葉で書くことがいちばんですが，文章を書くのが苦手なら，イラストやマンガ，あるいは意味のない「落書き」や「書きなぐり」でも。要は頭の中で考えるだけでなく，実際に「手を動かす」ことが大切です。

　書くことの効果は主に２つ。１つは今抱えている悩みと距離をとって，客観的に見られるようになること。その結果，あせりがやわらぐので，落ち着いて物事を考えることができるようになります。もう１つは，それまで思いつかなかった選択肢に，自分で気づけるようになること。これは，書いた文章を読み直すことで得られる効果です。

③　腹式呼吸をくりかえす

　不安や緊張が強くなると，運動をしているわけでもないのに，「ハアハア」と息が上がってくることがあります。呼吸も浅く，速くなり，汗が出てきて心臓もドキドキ。つらいと思いますが，こんなときこそ意識して「深い呼吸」を心がけてみてください。

　やり方は簡単。椅子に腰掛けている場合は，背筋を伸ばし軽く目を閉じ，おなかに手を当てます。立っている場合も，リラックスしておなかに手を当ててみましょう。呼吸の基本は「ちゃんと吐く」ことから。まずは「いーち，にー，さーん」と頭の中で数えながら，ゆっくりと口から息を吐き出します。息を吐き出せたら，同じように３秒数えながら，今度は鼻から息を吸い込みます。これを５〜10分くらいくりかえします。息を吐くときにおなかがぺったんこに，息を入れたらおなかが膨らむ…。そう意識して呼吸すると，より深い呼吸ができるようになります。そう，これが「腹式呼吸」と呼ばれるものです。

④　「なりたい自分」に目を向ける

　問題を抱えていると，その原因探しにやっきになることや，自分の弱さや欠点ばかりに目が行きがち。でも，実際のあなたは，その問題以外のことでは，けっこううまくやれていることがたくさんあるのではありませんか？　その「できていること」のほうに目を向けて，自分の力をもう一度信じましょう。そして，「こんなふうになるといいな」と，今あなたが思っている理想を思い浮かべてください。それが実現したとき，自分がどんなふうになっていて，周りの人たちはどんなふうに変わっていますか？　具体的なイメージが浮かんだら，その第一歩になる，小さいけれども重要と思える目標を立てて，実行します。

　たとえば，「人前で堂々と発表できる自分」になりたいなら，まずは「友達の目を見て挨拶すること」や「10分だけでも早く起きて気分に余裕を持つこと」が，最初の目標になるかもしれません。実行しやすくて無理なくできそうなことから始めるのがポイントです。

⑤　音楽を聞き，歌を歌う

　「音楽」は，ごく自然に，人のこころと体を癒してくれます。アップテンポの音楽は，エネルギーや活力を与え，優しくスローな曲は不安や緊張をやわらげます。思い出の詰まった曲を聞くと，思わず泣いてしまうことがあるように，言葉にできない感情を表現するきっかけを，音楽がつくってくれることもあります。

　そのときどきの気分にあった曲を選んで，音楽にひたりましょう。ゲームやパソコンをやりながら，本を読みながらという片手間ではなく，ただ音楽を聞くことに集中するのです。歌うのが得意な人は「聞く」だけでなく，カラオケボックスなどに行って，思い切り発散してみては？歌っている間は自然と呼吸が深くなるので，不安やイライラもどこかに消えてしまうかも。何曲か歌えば，きっとサッパリするはずです。

⑥　失敗したら笑ってみる

　「笑い」はこころを軽やかにして，つらい日々を乗りこえる力をつけてくれます。どんなにシリアスに見える出来事でも，見方を変えると，笑える側面があるもの。それに気づくと，物事がグッと楽になるのです。もし失敗してしまったら，自分を責めたり恥じたりするのではなく，いっそのことそれを潔く認めて，「やっちゃった自分」を笑い飛ばしてしまいましょう。

　「そんなお気楽でいいの？」とか，「絶対ムリ」と思うかもしれませんが，これもユーモアのセンスを磨く，ひとつの練習だと思ってみませんか。決して悪ふざけなどとはイコールではありません。くりかえしやっていくと，バランスのよい物の見方と，広い視野がだんだんと身についてくるのです。そして何よりも「笑い」は周りの人とリラックスした関係を築くうえで，とても役に立ちます。

(厚生労働省，2009)

第13章 ワーク・ライフ・バランス

1. 「ワーク」と「ライフ」という視点
：キャリアとのつながり

「ワーク・ライフ・バランス」という言葉は最近よく使われますので，皆さんも耳にしたことがあると思います。言葉を見れば，なんとなく「ワーク」と「ライフ」の間で均衡を取ることを指しているのだろうな，と推測はつきますが，詳しい定義について説明する前に，まずこの言葉に含まれている「ワーク」と「ライフ」というものについて考えてみましょう。

(1) キャリアにおけるワークとライフ

第Ⅰ部で，キャリアには「ワークキャリア」と「ライフキャリア」の，2つの意味があると説明しました。「ワークキャリア」は仕事におけるさまざまな経験・職業経歴を指し，「ライフキャリア」は，仕事だけでなく，家庭生活や余暇，学習，地域活動などを含めた人の生き方全体や，人生のことを指すものでした。「ワーク・ライフ・バランス」という言葉の中に含まれている「ワーク」と「ライフ」も，「キャリア」について理解するときとほぼ同じ意味であると考えて差し支えありません。

ただ，「ワーク・ライフ・バランス」の文脈では，「ワーク」と「ライフ」が対置されますので，ここでの「ライフ」は人生における仕事以外の活動，たとえば家庭，余暇，学習，地域活動などのことを指すと考えてください。

「キャリア」について考えるときには，仕事や働くことに関わる要素だけでなく，仕事以外のさまざまな活動を含めた，自分の人生全体を広く捉えて

いくことが大切であると説明してきました。長期にわたって息切れすること
なく，充実したキャリアを築き上げていくためには，仕事だけではなく，人
生における他のさまざまな要素に目を向けることが重要です。

　この点を，「キャリア」における「ライフ」の視点から強調している代表
的な心理学者に，スーパーとハンセンの2人がいます。以下では「ワーク・
ライフ・バランス」の考え方につながるこの2人の主張について紹介します。

(2)　スーパーのライフキャリアレインボー

　第2章でも紹介しましたが，スーパーは「ライフキャリア」の重要性を早
い時期に唱えた職業心理学者です。「ライフキャリアレインボー」という図
を用いて，人には生まれてから死ぬまでの間に担うさまざまな役割があり，
その比重は人生のそれぞれの時期によって変化していくことを示しました
（図 13-1）。

　この図では，人がその生涯で経験する代表的な役割が，「子ども」「学生」「余
暇人」「市民」「労働者」「家庭人」「その他の役割（病にある者，年金受給者，

図 13-1　ライフキャリアレインボー（Super, 1984）

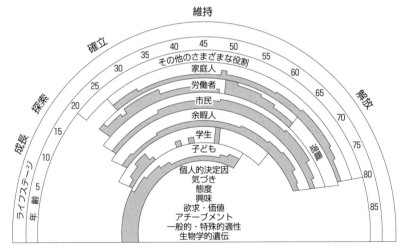

※図 3-4 を再掲しています。

宗教人など）」という7つで表されています。「ワーク・ライフ・バランス」の文脈から見ると，「ワーク」に対応する役割は「労働者」，それ以外の6つの役割は「ライフ」に対応します。

　この図を見ると，仕事というのは，生きていくうえで重要な役割ではあるけれども，人生の中で果たしていくさまざまな役割のうちの1つにすぎないということが，よく理解できます。また，図中で灰色に網がけされている部分は，キャリアにおける時期ごとのウェイトを表していますが，各役割の比重やバランスは年齢によりさまざまに異なっていることがわかります。この図によってスーパーが示しているのは，あくまで一例としてのモデルですが，「ワーク」と「ライフ」のバランスがキャリアの時期ごとに変化していくということをわかりやすく理解することができます。

(3)　ハンセンによる人生の4つの要素

　「ライフキャリア」の重要性を唱える心理学者としてもう一人，ハンセンについて紹介します。ハンセン（Hansen, 1997）は，その著書『統合的ライフ・プランニング（*Integrative Life Planning*)』の中で，家庭における役割から社会における役割まで，人生における幅広い役割を含む人生設計の重要性を唱えました。

　ハンセンによれば，「ライフ（生き方）」の視点がキャリアを考えるうえでのベースとなるものであり，個人の人生においては単に仕事だけではなく，「仕事（Labor）」「学習（Learning）」「余暇（Leisure）」「愛／家族（Love）」という4つの要素（4つのL）が，バランス良く統合される必要があるとされます。この4つがうまく組み合わさることによって，人生ははじめて1つの「意味ある全体」になるのです。

　すなわち，人が豊かな人生を送るためには，「仕事」をしているだけでは不十分であり，「仕事」に加えて「余暇」「学習」「愛（家族)」というものが存在していなければ，それは偏った貧しいものになってしまうということです。ハンセンの理論は，スーパーと同じく，キャリアにおける「ライフ」の視点の重要性を私たちに教えてくれます。

第Ⅵ部

　スーパーやハンセンが指摘するように，「ワーク」と「ライフ」はキャリアを考えるうえでの重要なテーマであり，充実したキャリアを持続的に形成していくためには，この２つの視点と両者のバランスを，常に自分の中で意識しておくことが大切です。

　では次に，「ワーク・ライフ・バランス」の定義と，それが今日的な課題として取り上げられるようになってきた経緯について見ていきましょう。

2．「ワーク・ライフ・バランス」とは何か

(1)　ワーク・ライフ・バランスの定義

　「ワーク・ライフ・バランス」の定義にはさまざまなものがありますが，代表的なものを見てみましょう。

　「ワーク・ライフ・バランス」は社会政策や企業経営との関連性が高い概念ですので，行政機関による定義が多くなっています。内閣府によれば「老若男女誰もが，仕事，家庭生活，地域生活，個人の自己啓発など，さまざまな活動について，自ら希望するバランスで展開できる状態」（内閣府，2007）であるとされます。また，厚生労働省のワーク・ライフ・バランス推進協議会は，「働く人が，仕事上の責任を果たそうとすると，仕事以外の生活でやりたいことや，やらなければならないことに取り組めなくなるのではなく，両方を実現できる状態」（厚生労働省，2006）であるとしています。海外に目を向けると，イギリス貿易産業省（DTI）は，「年齢，人種，性別にかかわらず，誰もが仕事とそれ以外の責任・欲求とをうまく調和させられるような生活のリズムを見つけられるように働き方を調節すること」という定義を行っています。

　それぞれの定義ごとに，少しずつニュアンスは異なりますが，「仕事（ワーク）」「仕事以外のさまざまな活動（ライフ）」を自らが希望するバランスに調整して，と両立させられる状態にできることという点は，どの定義にも共通しています。

(2)　ワーク・ライフ・バランスを理解するうえでのポイント

ポイントを3つ整理しておきます。

まず，「ライフ」とされる，仕事以外のさまざまな活動に含まれる領域の広さです。内閣府の定義では，具体的に「家庭生活」「地域生活」「個人の自己啓発」が例示されていますが，家庭生活に限定されず，個人が仕事以外の生活でやりたいこと，やらなければならないことのすべてが含まれます。

「ライフ」の領域の区分は，研究者やモデルによって違いがありますが，スーパーが示した7つの役割や，ハンセンがいう4つのLがその一例です。また，「ライフ」を役割ということに限定せず，人生における大切なものと広く考えるならば，大沢（2008）が提示している「友人・家族」「健康」「学習・趣味」「地域・社会活動」という区分も，身近で実感のわきやすいフレームです。

第2に，ワーク・ライフ・バランスは，「仕事とそれ以外の活動を，自らが希望するバランスに調整できる状態」ということです。もちろん，多くの人は会社などの組織に所属して仕事をしているわけですから，何の制約もなく自分の望む形態で働くというのは難しいですが，ワーク・ライフ・バランスを実現するには，ある程度まで，個人の事情や希望を反映しながら仕事ができる環境が提供されている必要があります。近年のITや通信技術の進化は，こうした柔軟で多様な働き方の実現を後押しするひとつの重要な促進要因であり，在宅勤務やリモートワークなど，従来にはなかった新しい働き方を可能にしてくれる技術として，大きな貢献が期待されています。

第3に，ここで言う「バランス」は，人それぞれで異なっていてよく，「これが正解」というものがあるわけではないということです。「今は仕事中心の生活を送りたい」という人がいるならば，その人にとってのバランスはそれでよいですし，「人生のこの時期は，家庭や家族と過ごす時間にしっかり軸足を置きたい」という人がいれば，またそれでよいのです。

「バランス」と聞くと，天秤のようにすべてを均等にというイメージを抱いてしまいがちですが，「ワーク」と「ライフ」とを同じ比重にするということではありません。それぞれが人生のその時々に，自らが希望するバランスで働くことを選択できるという状態が理想になります。

第VI部

(3) ワーク・ライフ・バランスが実現された社会とは

　図13-2は，ワーク・ライフ・バランスが実現された社会における個人の生活と仕事の関係を，今までの社会と比較して大沢（2008）が図示したものです。これを見ると，「今までの社会」では会社が主体であり，個人は会社に所属する存在という位置づけであるのに対し，「ワーク・ライフ・バランスが実現された社会」では，個人が主体であり，個人にとって大切な数ある要素の中の1つが仕事である，という位置づけになっていることがわかります。

　人生には仕事以外にも大切な事柄が数多くあり，それらの存在があってはじめてその人らしい仕事ができる。会社と適切な距離を取りながら，仕事以外の領域でさまざまな経験や学びを行うことによって，新たな発想や活力を得る。そして，それらをベースに仕事上で質の高いアウトプットを生み出すことができれば，会社に対しても価値を提供していくことができる。このような循環によってワーク・ライフ・バランスが実現されるならば，理想的だということができます。

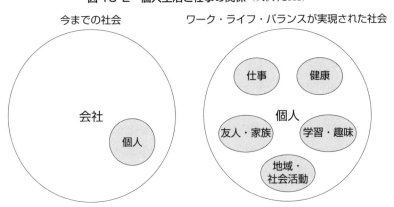

図13-2　個人生活と仕事の関係（大沢，2008）

3．ワーク・ライフ・バランスという考え方が 登場した経緯

(1) 米国における経緯

「ワーク・ライフ・バランス」というのは，元々は米国で使われ始めた言葉だと言われています。米国では1970年代に，サービス業を主体とする第3次産業への大きな産業構造の変化が生まれ，1980年代になるとIT技術の革新が進みました。こうした変化の中で，高度なスキルを持つ女性人材に対する需要が高まり，企業は仕事（ワーク）と家庭（ファミリー）を両立できるように配慮する，「ワーク・ファミリー・バランス施策」や「ファミリー・フレンドリー・プログラム」を導入することで，優秀な女性を積極的に登用しようとしたのです。

1990年代になると，施策の対象は家族を持つ女性だけではなく，独身や子どものいない女性，さらには男性へと広がり，さまざまな従業員に対して働きやすい環境を提供するための制度や，プログラムを導入するケースが現れます。幅広い従業員を対象にしたこの「ワーク・ライフ・バランス施策」は，当初それほど大きな広がりは見せなかったのですが,1993～1996年にわたって行われたフォード財団の研究が,企業の姿勢を変化させる契機となります。

「仕事のやり方をどのように変えれば,期待する効果・効率の向上が得られ,同時に私生活を充実させることができるのか」ということを目的としたこの研究は，仕事に対する意識や風土をはじめ仕事のやり方自体を見直すことで企業業績を向上させるという「仕事の再設計」の重要性を示しました。この流れを受けて，企業におけるワーク・ライフ・バランス施策は，単なる従業員向けの福利厚生施策ではなく，優秀な人材の獲得と業績向上のための有効な施策＝将来に向けた投資であるという認識が，次第に形成されていったのです。

米国で「ワーク・ライフ・バランス」という言葉が頻繁に使われるようになったのは，ホックシールド（Hochschild, 1997）がその著書「タイム・バ

インド」によって，アメリカ人家族の実態を描いた頃からだと言われています。当時大多数のアメリカ人が，実生活において多くの時間を仕事に割かざるを得ず，家族と過ごす時間が十分に取れないためストレスを感じていたという状況があり，このことが「ワーク・ライフ・バランス」という考え方の普及を後押ししたと考えられます。

(2)　日本における経緯

　一方，日本で「ワーク・ライフ・バランス」という言葉が一般的に使われるようになったのは，政府により「ワーク・ライフ・バランス憲章」が策定された，2007年前後からだと言われています。「ワーク・ライフ・バランス」という考え方によって，家庭だけでなく，それ以外も含む「生活（ライフ）」との調和が明確に打ち出されたのは，この憲章によります。

　それ以前にも，男女雇用機会均等法（1986）の中では，「職業生活と家庭生活との調和」という言葉が用いられていましたし，男女共同参画社会基本法（1999）の中では，「家庭生活における活動と他の活動の両立」という言葉が使用されていました。しかし，いずれも女性を対象にした，福祉や少子化対策としての意味合いが大きく，女性が仕事と家庭生活を両立しやすくするための環境整備が，政策の主目的でした。

　憲章の策定は，その後の「働き方改革」の推進に向けた行政の動きの起点となるものであり，対象を女性に限定するのではなく，労働者全体にとっての，多様で柔軟な働き方が可能な社会の実現を目指す，という指針を示したものです。

　米国においては，「ワーク・ライフ・バランス」は民間企業の主導で進んできたという経緯があるのに対し，日本では行政主導で働き方改革が進みつつあるという違いが見られます。当時の日本の状況は，伝統的・固定的な男女の役割分業の慣行がまだ色濃く残っていたり，正社員を中心に長時間労働が常態化していたり，長時間労働を組織がポジティブに評価する職場が少なからず存在しているというものでした。そのため，民間企業主導という形ではなかなか改革が進みにくい事情が背景にあったと考えられます。

4. ワーク・ライフ・バランスの実現に向けた 企業の取り組み

　行政の後押しもあり，近年では従業員のワーク・ライフ・バランスを支援するための継続的な努力が，企業に求められています。多くの企業が，従業員に対して多様で柔軟な働き方を提供しようと，さまざまな施策を通じてワーク・ライフ・バランスを向上させていく努力を行っています。

　企業が採用する代表的なワーク・ライフ・バランス施策を一覧にまとめたものが，表13-1です（内閣府，2006）。近年では，IT機器や通信技術の進化によって，以前であれば難しかったコンピュータ通信を用いたテレビ会議や，自宅やサテライトオフィスでの勤務などのテレワークも普及しており，柔軟な働き方を実現するための選択肢は広がりつつあると言えます。

　では，企業がワーク・ライフ・バランス施策を実施することのメリットは何でしょうか。これには複数の利点があります。第1に，優秀な人材の確保が挙げられます。仕事と生活のバランスがとりやすく，働きやすい環境を従業員に提供しているということは，学生や求職者に対するひとつのアピールポイントとなります。

　第2に，従業員の定着・リテンションを促進するというメリットが挙げられます。出産や育児，配偶者の転勤，病気，親の介護など，さまざまな理由で従業員が一時的に働き方を制限しなければならなくなったとき，柔軟な働き方を支援する環境を企業が提供することで，優秀な従業員の退職を防ぐことができます。

　第3に，企業の生産性の向上が挙げられます。ワーク・ライフ・バランスの実現が進み，労働時間が短くなると，企業の業績にはマイナスになるような気がしますが，実はそうではありません。前述した米国のフォード財団の研究に見られるように，単に労働時間を減らすのではなく，仕事の進め方を根本的に見直すことで仕事を再設計し，組織風土や従業員の考え方自体を変革していくことによって，生産性を高めることができると考えられます。

第Ⅵ部

表 13-1　ワーク・ライフ・バランス施策の類型

ワーク・ライフ・バランス施策の類型	
休業制度	育児休業，介護休業 休職者の復帰支援
休暇制度	看護休暇，配偶者出産休暇（男性社員が取得できる） 年次有給休暇の積み立て制度
働く時間の見直し	勤務時間のフレキシビリティ（フレックスタイム制，勤務時間繰り上げ・下げ） 短時間勤務制度 長時間勤務の見直し
働く場所の見直し	勤務場所のフレキシビリティ（在宅勤務，リモートワーク，テレワーク，サテライトオフィス） 転勤の限定
その他	事業所内保育施設 再雇用制度 相談窓口の設置

(内閣府, 2006 を元に作成)

　現状，日本の時間あたりの労働生産性は，OECD 加盟 38 カ国中 30 位と低い水準にありますが（日本生産性本部，2023），ワーク・ライフ・バランスの実現と働き方改革の推進は，中期的には日本の社会全体の生産性を高めることにつながるものと期待されています。簡単には解消できないさまざまな課題が存在していることも確かですが，ワーク・ライフ・バランスの実現は社会全体が目指すべき方向であり，そのためには従来の働き方を変化させることを，避けては通れないという認識があります。

　現在の社会は，モノ作りからサービスを主体とする知識労働中心の社会へと，構造が大きく変化しつつあります。企業が付加価値の高い優れたサービスを生み出すためには，社内には存在しない専門知識・情報を外部から獲得することも必要になりますし，オフィスの中で働いているだけでは把握することができない，消費者の視点で事業を考えるということも必要になります。

　優れたアイデアや発想が企業業績を左右する，これからの社会における競

争力の源は，従業員の知恵や能力です。一人ひとりのワーク・ライフ・バランスを支援し，生活の充実を促すことは，従業員が持っている潜在的能力や発想力を最大限に引き出し，企業の発展，そしてまた社会の発展にもつながるのです。

5．ワーク・ライフ・バランスを実践していくうえでのポイント

　充実したキャリアを持続的に形成していくうえで，「ワーク・ライフ・バランス」の視点を持つことは非常に大切です。ただし，個人がそれぞれのキャリアの中で，ワーク・ライフ・バランスを実現しながら働いていくというのは，実際にはそれほど簡単なことではありません。

　ここでは現実を踏まえ，「ワーク・ライフ・バランス」を実践していくうえで大切な4つのポイントについて説明します。

(1)　計画性とタイムマネジメント

　1つ目のポイントは，計画性とタイムマネジメントの重要性です。ワーク・ライフ・バランスの実現の仕方には，さまざまなあり方が考えられます。もちろん，仕事も生活もほどほどにすることでバランスを取るという実現の仕方もあるでしょう。しかし，充実したキャリアを形成しようと思えば，やはり仕事も生活もどちらも疎かにせず，目一杯力を入れて取り組みたいという気持ちになります。その意味で，ワーク・ライフ・バランスというのは欲張った考え方だということができます。

　料理を作ったことがある方はわかると思いますが，1つの料理だけを作るのと，2つ以上の料理を一度に作るのでは，その難度は大きく異なります。同時に作るためには，しっかりと事前準備し，段取りをつけたうえで，個々の作業を手際よく正確に進める力が要求されますが，ワーク・ライフ・バランスの実現にも，これと同じことが当てはまります。

　仕事と生活をともに充実させるには，計画性と効率が必要であり，仕事と

第Ⅵ部

生活のそれぞれで自分が何を目指すのか，目標を明確にしたうえで，やるべきことに優先順位をつけ，手早く課題を進めていく時間管理能力が，高いレベルで求められます。時間は有限であるという意識を持ち，学生時代にも，社会に出てからも，計画性とタイムマネジメントの能力を高めていくための努力が大切になります。

(2)　自らの専門性を高める努力

　2つ目のポイントは，自らの専門性とスキルを高めていく，継続的な努力の重要性です。説明のための例として，近年のIT・通信技術の進化で普及が進みつつあるテレワークを挙げましょう。

　テレワークでは，個人は会社のオフィスに縛られず，自宅やサテライトオフィスなど，場所を自由に選択して自分の仕事に取り組むことができるのですが，この柔軟な働き方が機能するためには，個々人が「自分に任された仕事を自律的に進め，高い品質のアウトプットを行う能力」を有していることが前提となります。もし，任された仕事を自律的に遂行できる能力や，その人でなければ遂行できない専門性や知識・スキルを有していなければ，自由度の高い働き方を組織から認めてもらうことはできません。また，会社が自由度の高い働き方を推し進めるのには，ワーク・ライフ・バランス施策を推進することで，従業員の知識労働者としての能力・発想・活力を高め，企業の競争力を向上させたいという狙いがあります。この意味からも，働く個人には，仕事や仕事以外の活動を通じて自らの専門性とスキルを高めていくための継続的な努力が，常に求められるのです。

(3)　働く環境の選択

　3つ目のポイントは，働く環境の選択です。世の中にはさまざまな会社がありますし，また1つの会社の中にもいろいろな部署や職場があります。給与水準は高いけれども，仕事は非常に忙しいという環境もあれば，給与水準はそれほど高くないけれども，時間的な融通はつけやすいという環境もあります。

　大切なことは，自分が働く会社や仕事をする環境を選ぶ際に，仕事の内容，給与水準，社会的なステイタスといった要素だけを考慮するのではなく，自らが求めるワーク・ライフ・バランスの状態を確保しやすい環境かという観点を，しっかりと意識することです。自身のキャリアにおいて，「今この時点で自分は何を大切にして働きたいのか」という問いに対して，いつも答を持っておくことが大切になります。

(4)　相互に助け合う姿勢の大切さ

　最後のポイントは，周囲の関係者との助け合いの姿勢の重要性です。たとえば，職場で同僚の一人が，育児のために短時間勤務という就業形態を選択したとします。もちろん会社の制度として問題もなく，本人はその働き方を選択できるのですが，他の職場のメンバーにとっては，一時的に仕事が増加してしまうということもあるでしょうし，これまでに比べて仕事上で時間的な融通が利かなくなるということもあるでしょう。残念なことですが，こうした事情が，時に職場における不和や揉めごとにつながってしまうことも現実にはあります。

　この例からもわかるように，ワーク・ライフ・バランスが社会に広く浸透していくためには，相互に助け合い支援し合う姿勢が，本人にも周囲の関係者にも求められます。多くの人は人生のある時期に，家族や周囲の人に協力してもらわなければ，「ライフ」における大切な事柄を仕事と両立させられないという事態に直面します。たとえば育児，自分自身や家族の病気，両親の介護というのもそうですし，また，大学や大学院に入り直して学び直したい，何らかの資格を取得したいというケースもあるでしょう。

　柔軟な働き方を選択する当事者には，周囲の協力に対する感謝の気持ちを忘れないことが求められますし，周囲の関係者のほうも，支援してもらうことが必要になる時期があるのはお互い様であるという気持ちを持って協力していく姿勢が大切です。ワーク・ライフ・バランスの実現を目指す社会では，従来以上に成熟した人間関係が求められるのです。

第Ⅵ部

第Ⅵ部のまとめ

SUMMARY

■キャリアは非常に長丁場であり，マラソンのようなものです。途中で息切れしたり，燃え尽きてしまったりすることがないように，自分自身の健康，モチベーション，能力開発など，さまざまなことを持続的にマネジメントしていくことが求められます。長期にわたって充実したキャリアを送っていくうえで，特に大切になるテーマが，「ストレス・マネジメント」と「ワーク・ライフ・バランス」の2つです。

■現代の社会で生きていくうえで，「ストレス」は避けては通れない問題です。「ストレス」についての理解を深め，コーピング・スキルを身に付けることで，ストレスと上手に付き合っていくことが大切です。適切にコントロールされた適度のストレスは，成長や人生の充実のための良い刺激（ユーストレス）となります。

■人生は，仕事だけではなく，家庭，余暇，学習，地域活動など，自分にとって大切なさまざまな事柄がともなってこそ，意味あるものとなります。キャリアの段階・時期によって「ワーク」と「ライフ」の比重は変わりますが，その時々のタイミングで，求める最適なバランスで，「ワーク」と「ライフ」の両方の充実を図ることが大切です。

―― おわりに ――

　本書は，「キャリア」と「心理学」のつながりについて，心理学に関わり
や関心を持つ人向けに，わかりやすくお伝えするという趣旨で書かれたもの
です。ここまで読み進み，皆さんには「キャリア」と「心理学」とが深く関
連していることを，理解していただけたことと思います。

　今の時代，自分自身のキャリアは，自らが責任を持って選択していくこと
が求められます。誰もがキャリアについて考え，目標を描き，日々の生活の
中で意思決定を行っていかなければなりません。その意味において，心理学
について学んだ人は，この点では少し有利で恵まれた立場にあると言えるで
しょう。学問にはさまざまな領域がありますが，心理学ほど人の行動や考え
方・生き方，他者との関わり，コミュニケーション，自己理解など，キャリ
アと密接に関わるテーマを科学的な根拠を持って取り扱うものはないからで
す。

　それゆえ，「心理学を学んだ人が持つ人間の見方や物事の捉え方は，柔ら
かくてしなやかである」と言われることがあるのでしょう。価値観が多様化
した現在の社会では，何が正しいのかについて明確な答えを誰もが持ちにく
く，また，激しい環境変化のなか，将来を見通すことも難しくなっています。
このように不確実な状況を生きていく必要がある今だからこそ，心理学が私
たちに提供してくれる客観的で偏りのないものの見方が，大きな支えになる
のです。

　キャリアについても，「これが正解」というものはありません。自分自身
で責任を持って考え，意思決定していかなければなりません。ただし，何の
拠り所もなく考えるのと，考え方のフレームを有しているのとでは，大きな
違いがあります。心理学を学ぶことによって身につけた知見や考え方を武器
としつつ，自分のキャリアに向き合うことができるのはとてもありがたいこ

とです。

　本書により，キャリアと心理学のつながりに気づき，心理学をキャリア形成に活かしたいという気持ちが生じたとすれば，大変嬉しいことです。皆さんがキャリアを考える際の「羅針盤」「方位磁針」として心理学が役立つことを願い，本書の結びとさせていただきます。

―― 引用・参考文献 ――

■第Ⅰ部

Brown, D. & Brooks, L. (1990). *Career choice and development.* Jossey-Bass.

藤本喜八 (1987). 進路指導の定義について. 進路指導研究, **8**, 37-39.

Gysbers, N. C. & Moore, E. J. (1975). Beyond career development: Life career development. *Personnel and Guidance Journal,* **53**, 647 - 654.

Hall, D.T. (1976). *Careers in organizations.* Scott,Foresman.

Hall, D.T. (2002). *Careers in and out of organizations.* Sage.

Hoyt, K. B. (1975). An introduction career education. A Policy Paper of the U.S. Office of Education. DHEW publication.

厚生労働省 (2002). キャリア形成を支援する労働市場政策研究会報告書.

文部科学省 (2004). キャリア教育の推進に関する総合的調査研究協力者会議報告書：児童生徒一人一人の勤労観，職業観を育てるために.

文部科学省 (2011). 中央教育審議会答申「今後の学校におけるキャリア教育・職業教育の在り方について」

二村英幸 (2009). 個と組織を生かすキャリア発達の心理学：自律支援の人材マネジメント. 金子書房

Schein, E. H. (1978). *Career anchors: Discovering your real values.* Jossey-Bass.

Super, D. E. (1980). A Life-span, life-space approach to career development. *Journal of Vocational Behavior,* **13**, 282 - 298.

■第Ⅱ部

Bandura, A. (1977). *A Social learning theory.* Prentice-Hall. 〔原野広太郎（監訳）(1979). 社会的学習理論. 金子書房〕

Erikson, E. H. (1982). *The life cycle completed.* W.W. Norton & Company. 〔村瀬庸理・近藤邦夫（訳）(1989). ライフサイクル，その完結. みすず書房〕

Gelatt, H. B. (1962). Decision making: A conceptual frame of Reference for counseling. *Journal of Counseling Psychology,* **9**, 240 - 245.

Gelatt, H. B. (1989). Positive uncertainty: A new decision-making framework for counseling. *Journal of Counseling Psychology,* **36**, 252 -256.

Hall, D. T. (2002). *Careers in and out of organizations.* Sage.

Holland, J. L. (1985). *Making vocational choices: A theory of vocational personalities and work environments.* Prentice-Hall. 〔渡辺三枝子・松本純平 舘暁夫（共訳）(1990). 職業選択の理論. 雇用問題研究会〕

176

Krumboltz, J. D. & Baker, R. D. (1973). *Behavioral counseling for vocational decision. H. Borow (Ed.), Career guidance for a new age.* Houghton Mifflin.

Mitchell, K. E., Levin, A. S., & Krumboltz, J. D. (1999). Planned happenstance: Constructing unexpected career opportunities. *Journal of Counseling & Development*, **77**(2), 115-124.

益田勉 (2011). キャリアの探索と形成：キャリアデザインの心理学. 文教大学出版事業部

Parsons, F. (1909). *Choosing a vocation.* Agathon Press.

Savickas, M. L. (2005). The theory and practice of career construction. In S. D. Brown & R. W. Lent (Eds.), *Career development and counseling: Putting theory and research to work.* John Wiley & Sons. pp.42-70.

Savickas, M. L. (2011). *Career counseling.* American Psychological Association. ［日本キャリア開発センター（監訳）乙須敏紀（訳）(2015). サビカス キャリア・カウンセリング理論. 福村出版］

Savickas, M. L. (2015). *Life-design counseling manual.* ［日本キャリア開発研究センター（監修), 水野修次郎（監訳）(2016). ライフデザイン・カウンセリング・マニュアル. 遠見書房］

下村英雄 (2009). キャリア：キャリアをいかに考えるか. 小口孝司・楠見孝・今井芳昭（編著）仕事のスキル：自分を活かし, 職場を変える. 北大路書房 pp.134-144.

Super, D. E. (1984). Career and life development. In D. Brown & L. Brooks (Eds.), *Career choice and development: Applying contemporary theories to practice.* Jossey-Bass.

Super, D.E. (1985). New dimensions in adult vocational and career counseling. Occupational paper, No. 106. Columbus, OH: The National Center for Research in Vocational Education.

Super, D.E. & Bohn, Jr.,J. (1970). *Occupational psychology.* Wadsworth Publishing Company. ［藤本喜八・大沢武志（訳）(1973). 職業の心理　企業の行動科学6. ダイヤモンド社］

楡野潤 (2015). キャリア構築カウンセリングの理論とプロセス：職業発達理論からキャリア構築理論へ. 渡辺昌平（編）　社会構成主義キャリア・カウンセリングの理論と実践：ナラティブ, 質的アセスメントの活用. 福村出版 pp.136 -175.

渡辺三枝子（編著）(2018). 新版 キャリアの心理学：キャリア支援への発達的アプローチ（第2版）. ナカニシヤ出版

■第Ⅲ部

Allport, G. W. (1961). *Pattern and growth in personality.* Holt, Rinehart & Winston. ［今田恵（監訳）(1968). 人格心理学. 誠信書房］

江口恵子 (1966). 依存性の研究. 教育心理学研究, **14**(1), 45-58.

Erikson, E. H. (1982). *The life cycle completed.* W. W. Norton & Company. ［村瀬孝雄・近藤邦夫（訳）(1989). ライフサイクル, その完結. みすず書房］

福島朋子 (1993). 自立に関する概念的考察：青年・成人及び女性を中心として. 発達研究, **9**, 73-86.

福島朋子 (1997). 成人における自立観：概念構造と性差・年齢差. 仙台白百合女子大学紀要創刊号, 15-26.

人材育成学会「若者の成熟の現状と展望」研究プロジェクト (2012). 現代日本における「若者の成熟」の研究——現場職員たちの目に映じた高校生たちの行動の分析から. 人材育成研究. **7**(1), 125-150.

Jung, C. G. (1933). The Stages of life. *The Collected Works of Carl G. Jung, vol.7.* Princeton University Press.

久世敏雄・久世妙子・長田雅喜 (1980). 自立心を育てる. 有斐閣

Levinson, D. J. (1978). *The seasons of a man's life.* Alfred Knopf. ［南博（訳）(1992). ライフサイクルの心理学. 講談社］

Marcia, J. E. (1964). Determination and construct validity of ego identity status. Unpublished doctoral dissertation. Ohio State University.

南隆男 (1988). キャリア開発の課題. 三隅二不二・山田雄一・南隆男（編）組織の行動科学. 福村出版　pp.294-327.

岡本祐子 (1994). 成人期における自我同一性の発達過程とその要因に関する研究. 風間書房

岡本祐子（編著）(2002). アイデンティティ 生涯発達論の射程. ミネルヴァ書房

岡本祐子・松下美知子（編）(2002). 新 女性のためのライフサイクル心理学. 福村出版

Schein, E. H. (1978). *Career dynamics: Matching individual and organizational needs.* Addison-Wesley. ［二村敏子・三善勝代（訳）(1991). キャリア・ダイナミクス：キャリアとは，生涯を通しての人間の生き方・表現である. 白桃書房］

Staude, J. R. (1981). *The adult development of C. G. Jung.* Routledge & Kegan Paul.

高橋恵子 (1968a). 依存性の発達的研究Ⅰ：大学生女子の依存性. 教育心理学研究, **16**, 7-16.

高橋恵子 (1968b). 依存性の発達的研究Ⅱ：大学生との比較における高校生女子の依存性. 教育心理学研究, **16**, 216-226.

高橋恵子 (1970). 依存性の発達的研究Ⅲ：大学・高校生との比較における中学生女子の依存性. 教育心理学研究, **18**, 65-74.

鑪幹八郎・宮下一博・岡本祐子（共編）(1995). アイデンティティ研究の展望Ⅱ. ナカニシヤ出版

渡邊恵子 (1991). 自立の概念化の試み. 日本女子大学紀要 人間社会学部創刊号, 125-136.

渡辺登 (2002). よい依存・悪い依存. 朝日新聞社

■第Ⅳ部

Berne, E. (1961). *Transactional analysis in psychology.* Grove Press.

Deal, T. E. & Kennedy, A. A. (1982). *Corporate culture.* Addison-Wesley. ［城山三郎（訳）(1983). シンボリック・マネジャー. 新潮社］

文野洋 (2013). 面接法・物語法. 二宮克美・浮谷秀一・堀毛一也・安藤寿康・藤田圭一・小塩真司・渡邊芳之（編）パーソナリティ心理学ハンドブック. 福村出版　pp.708-714.

Handy, C. (1978). *Gods of management.* Souvenir Press. ［広瀬英彦（訳）(1983). ディオニ

ソス型経営：これからの組織タイプとリーダー像. ダイヤモンド社］

Hofstede, G. (2011). Dimensionalizing cultures: The Hofstede model in context. *Online Readings in Psychology and Culture*, Unit 2, Subunit 1, Chapter 8.

Holland, J. L. (1985). *Making vocational choices: A theory of vocational personalities and work environments*. Prentice-Hall.［渡辺三枝子・松本純平・舘暁夫（共訳）(1990). 職業選択の理論. 雇用問題研究会］

Kretschmer, E. (1955). *Körperbau und Charakter*. 22. Springer.［相場均（訳）(1960). 体格と性格. 文光堂］

Litwin, G. H. & Stringer, R. A. Jr. (1968). *Motivation and organizational climate*. Harvard University.［占部都美 (監訳) (1974). 経営風土. 白桃書房］

McClelland, D. C. (1961). *The achieving society*. Van Nostrand.［林保（監訳）(1971). 達成動機：企業と経済発展におよぼす影響. 産業能率短期大学］

益田勉 (2011). キャリアの探索と形成：キャリアデザインの心理学. 文教大学出版事業部

松山一紀 (2009). 組織行動とキャリアの心理学入門. 大学教育出版

マイナビ (1990/2020). 大学生就職意識調査.

内藤淳 (2009). 適性と自己理解：自分を知り, 他者を理解するために. 小口孝司・楠見孝・今井芳昭（編著）仕事のスキル：自分を活かし, 職場を変える. 北大路書房 pp.196-206.

内藤淳 (2019). 適性と人材要件. 人材育成学会（編）人材育成ハンドブック. 金子書房 pp.141-144.

Newcomb, T.M. (1961). *The acquaintance process*. Holt, Rinehart & Winston.

Newcomb, T. M. et al. (1965). *Social psychology: The study of human interaction*. Holt, Rinehart & Winston.［古畑和孝（訳）(1973). 社会心理学：人間の相互作用の研究. 岩波書店］

岡村一成（編著）(1989). 産業・組織心理学入門. 福村出版

奥田秀宇（1980）. 対人魅力. 古畑和孝（編）人間関係の社会心理学. サイエンス社 pp.91-117.

大沢武志 (1989). 採用と人事測定. 朝日出版社

小塩真司 (2010). はじめて学ぶパーソナリティ心理学：個性をめぐる冒険. ミネルヴァ書房

労働政策研究・研修機構 (2010). VTR カード利用の手引き

Schein, E. H. (1985). *Career survival: Strategic job and role planning*. Pfeiffer & Co.［金井壽宏 (訳) (2003). キャリア・サバイバル：職務と役割の戦略的プランニング. 白桃書房］

Schein, E. H. (1990). *Career anchors: Strategic job and role planning*. Jossey-Bass.［金井壽宏（訳）(2003). キャリア・アンカー. 白桃書房］

関本昌秀・三沢光男 (1997). 組織風土とパーソナリティの適合性と組織帰属意識, 定着意識, 職務関与, 業績との関係に関する一考察. Bulletin of Toyohashi Sozo College, 1, 143-155.

下村英雄・吉田修・石井徹・菰田孝行（2005）. 職業カードソート技法とキャリアガイダ

ンス──カード式職業情報ツールの開発. 労働政策研究・研修機構. Discussion Paper series, 5-10.

Super, D. E. & Bohn, Jr., J. (1970). *Occupational psychology*. Wadsworth Publishing Company, Inc. ［藤本喜八・大沢武志（訳）(1973). 職業の心理　企業の行動科学6. ダイヤモンド社］

高橋潔 (2010). 人事評価の総合科学：努力と能力と行動の評価. 白桃書房

竹内倫和 (2009). 新規学卒就職者の個人−環境適合が組織適応に及ぼす影響：個人−組織適合と個人−職業適合の観点から. 産業・組織心理学研究, **22**(2), 97-114.

東京大学医学部心療内科 (1995). 新版 エゴグラム・パターン：TEG 東大式エゴグラム第2版による性格分析. 金子書房

梅澤正 (2003). 組織文化 経営文化 企業文化. 同文館出版

和田さゆり (1996). 性格特性用語を用いた Big Five 尺度の作成. 心理学研究, **67**(1), 61-67.

Warren, C. H. (1938). *Dictionary of psychology*. Houghton Mifflin.

渡部昌平（編著）(2015). 社会構成主義 キャリア・カウンセリングの理論と実践：ナラティブ，質的アセスメントの活用. ミネルヴァ書房

■第V部

Adams, J. S. (1965). Inequity in social exchange. In Berkwitz, L. (Ed.), *Advances in experimental social psychology. Vol.2.* Academic Press. pp.267-299.

Bakker, A. B. & Leiter, M. P. (Eds.) (2010). *Work engagement：A handbook of essential theory and research*. Psychology Press. ［島津明人（総監訳）(2014). ワーク・エンゲイジメント：基本理論と研究のためのハンドブック. 星和書店］

Carroll, J. B. (1993). *Human cognitive abilities: A survey of factor analysis*. Cambridge University Press.

Cattell, R. B. (1971). *Abilities: Their structure, growth, and action*. Houghton Mifflin.

Festinger, L. (1954). A theory of social comparison process. *Human Relations*, **7**. 117-140.

Guilford, J. P. (1967). *The nature of human intelligence*. McGraw-Hill Book.

Hackman, J. R. & Oldham, G. R. (1976). Motivation through the design of work: Test of a theory. *Organizational Behavior and Human Performance,* **16**, 250-279.

Herzberg, F., Mausner, B., & Snyderman, B. B. (1959). *The motivation to work*. John Wiley and Sons.

経済産業省 (2006). 社会人基礎力に関する研究会：中間取りまとめ

厚生労働省 (2002). キャリア形成を支援する労働市場政策研究会報告書

厚生労働省 (2004). 若年者の就職能力に関する実態調査結果

Locke, E. A. (1970). Job satisfaction and job performance: A theoretical analysis. *Organization Behavior & Human Performance*, **5**, 484-500.

Locke, E. A. & Latham, G. P. (1990). *A theory of goal setting and task performance*. Prentice Hall.

Maslow, A. H. (1943) A Theory oh human motivation. *Psychological Review*, **50**, 370-396.

Maslow, A. H. (1954). *Motivation and personality. 2nd Ed.* Harper & Row. ［小口忠彦（監訳）(1971). 人間性の心理学. 産業能率大学出版部］

McHenry, J. J., Hough, E. M., Toquam, J. L., Hanson, M. A., & Ashworth, S. (1990). Project a validity results: Therelationship between predictor and criterion domains. *Personnel Psychology,* **43**(2), 335-354.

文部科学省 (2011). 中央教育審議会 答申「今後の学校におけるキャリア教育・職業教育の在り方について」

内閣府 (2003). 人間力戦略研究会報告書

二村秀幸 (2000). 企業人能力構造モデルと人事アセスメント. 大沢武志・芝祐順・二村秀幸（編） 人事アセスメントハンドブック. 金子書房 pp. 23-45.

Pinder, C. C. (1998). *Work motivation in organizational behavior.* Prentice-Hall.

Schmidt, F. L. & Hunter, J. E. (1977). The validity and utility of selection methods in personnel psychology. *Psychological Bulletin,* **124**(2), 262-274.

Spearman, C. (1904). General intelligence, objectively determined and measured. *American Journal of Psychology,* **15**(2), 201-293.

Spencer, L. M. (1997). Competency assessment methods. In L. J. Bassi & D. Russ-Eft., *Assessment, development, and measurement.* American Society for Training and Development.

田尾雅夫 (1998). モチベーション入門. 日本経済新聞社

Thurstone, L. M. (1938). *Primary mental abilities.* University of Chicago Press.

Vroom, V. H. (1964). *Work and motivation.* Wiley. ［坂下昭宣（訳）(1982). 仕事とモチベーション. 千倉書房］

山口勧 (1980). 公平と公正. 古畑和孝（編） 人間関係の社会心理学. サイエンス社 pp.208-228.

■第Ⅵ部

Cooper, C. L. & Marshall, J. (1976). Occupational sources of stress: A review of the literature relating to coronary heart disease and mental ill health. *Journal of Occupational Psychology,* **49**, 11-28.

Friedman, M., & Rosenman, R.H. (1959). Association of specific overt behavior pattern with blood and cardiovascular findings. *Journal of the American Medical Association,* **169**, 1286-1296.

Hansen, L. S. (1997). *Integrative lfe planning: Critical tasks for career development and changing life patterns.* Jossey-Bass. ［平木典子・今野能志・平和俊・横山哲夫（監訳），乙須敏紀（訳）(2013). キャリア開発と統合的ライフ・プランニング：不確実な今を生きる6つの重要課題. 福村出版］

Hochschild, A. R. (1997). *The time bind: When work becomes home and home becomes work.* Henry Holt and Company. ［坂口緑・中野聡子・両角通代（訳）(2012). タイム・バインド 働く母親のワークライフバランス：仕事・家庭・子どもをめぐる真実. 明石

書店〕

Holmes, T. H. & Rahe, R. H. (1967). The social readjustment rating scale. *Journal of Psychosomatic Research*, **11**, 213-218.

Hurrell, J. J. Jr., & McLaney, M. A. (1988). Exposure to job stress: A new psychometric instrument. *Scandinavian Journal of Work, Environment & Health*, **14**, 27-28.

Karasek, R. & Theorell, T. (1990). *Healthy work: Stress, productivity, and the reconstructing of work life*. Basic Books.

厚生労働省 (2006). 男性も育児参加できるワーク・ライフ・バランス企業へ：これからの時代の企業経営

厚生労働省 (2009). 平成 21 年度こころの健康科学研究事業 精神療法の実施方法と有効性に関する研究

厚生労働省 (2017). 労働安全衛生調査

厚生労働省 (2022). 労働安全衛生調査

Lazarus, R. S. (1966). *Psychological stress and the coping process*. McGraw-Hill.

Lazarus, R. S. & Folkman, S. (1984). *Stress, appraisal, and coping*. McGraw-Hill.〔本間寛・春木豊・織田正美（監訳）(1991). ストレスの心理学：認知的評価と対処の研究. 実務教育出版〕

内閣府 (2006). 少子化社会対策に関する先進的取組事例研究報告書

内閣府 (2007).「ワーク・ライフ・バランス」推進の基本的方向報告

日本生産性本部 (2022). 労働生産性の国際比較 2023

大沢真知子 (2008). ワークライフシナジー. 岩波書店

Super, D.E. (1984). Career and life development. In D. Brown & L.Brooks (Eds.), *Career choice and development: Applying contemporary theories to practice*. Jossey - Bass.

Selye, H. (1936). A syndrome produced by diverse nocuous agents. *Nature*, **138**, 32.

労務行政研究所 (2010). 企業のメンタルヘルス対策に関する実態調査

Yerkes, R. M., & Dodson, J. D. (1908). The relation of strength of stimulus to rapidity of habit-formation. *Journal of Comparative Neurology and Psychology,* **18**, 459-482.

——人名索引——

──事項索引──

188

■監修者紹介

小口孝司（おぐち たかし）
　立教大学現代心理学部・大学院現代心理学研究科教授。博士（社会学）
　専門は産業・組織心理学，社会心理学，そして観光心理学。

■著者紹介

内藤　淳（ないとう じゅん）
　株式会社リクルートマネジメントソリューションズ 研究本部主任研究員，立教大学
　現代心理学部兼任講師。法人向けの心理検査・組織診断ツールの研究・開発に長年関
　わる（2014年より立教大学の心理学科にて「キャリアと心理学」の講義を担当）。

キャリア形成に活かす心理学

2024年4月5日　第1刷発行

監　修　者　小　口　孝　司
著　　　者　内　藤　　　淳
発　行　者　柴　田　敏　樹
印　刷　者　藤　森　英　夫

発行所　株式会社　誠　信　書　房
〒112-0012 東京都文京区大塚3-20-6
電話03（3946）5666
https://www.seishinshobo.co.jp/

印刷／製本：亜細亜印刷㈱
ISBN 978-4-414-30027-7 C0011

影響力の武器［新版］
人を動かす七つの原理

ロバート・B・チャルディーニ 著
社会行動研究会 監訳

人を動かす６つの原理を導き出した、社会心理学の不朽の名著が満を持して登場！人を、社会を、世界を動かす影響力の原理とは。

四六判上製　定価(本体2900円+税)

わかる社会人基礎力
人生１００年時代を生き抜く力

島田恭子 編著

大学の教養科目のひとつである社会人基礎力を、心理学・社会学・経営学等の理論も交え、学生と等身大の主人公とともに学べるテキスト。

A5判並製　定価(本体1800円+税)